擺一桌絕妙的宋朝茶席

李開周——著

推薦序

圓滿茶話人生的重要一章

王俊欽　王德傳茶莊第五代傳人

中國人幾千年來，為了好好地喝一杯茶，可說想盡辦法、用盡資源。早從宋代開始，中國人對於生活藝術已經十分講究，唐代因陸羽撰寫《茶經》，而將茶從飲料提升至文化層次，到了宋朝由於貢茶工藝不斷發展，加上皇帝與貴族相繼投入，讓宋朝成為茶文化興盛的重要時期。宋代民間茶風普及，茶坊、茶肆走向平民化，如同書中所說的，宋朝人無論消愁解悶，還是走訪親友，都離不開茶，形成獨特且迷人的茶文化。

宋朝是歷史上藝術與文化皆達到鼎盛的朝代，也是茶文化集大成的繁榮盛世。宋人講究生活美感，從喝茶可窺知一二，以工藝精緻著稱的宋代貢茶「龍鳳團茶」和追求技巧的點茶、分茶，可謂窮極精巧；不僅於此，名冠天下的宋瓷，從器型到釉色莫不考究，宋朝距今已輾轉一千年，但今人在瓷器製作工藝上仍不及宋朝，可見宋人對工藝的考究與用心。

「唐人煮茶，宋人點茶，明人泡功夫茶，清人泡茶」，每個朝代因不同的製茶法與時空背景，發展出獨有的品茗法。今年年初興致一來，特別找了幾位好友辦了場「一茶四品」茶會，用一下午的時光，和好友圍桌對飲，悠然品味古人喝茶的雅趣。由於明朝以前都喝蒸青綠茶，所以這「一茶」，我選用了滋味雅致的中小葉種倚邦春蕊（又稱綠製普洱）來展演；「四品」，則從唐代的煮茶法、宋代的點茶法、明代的功夫茶、至清代的蓋碗泡茶，透過不同朝代的沏茶法詮釋同一款茶滋味。為精準還原各朝代的品茗情境，茶席間使用的的茶具、茶器皆同當時，亦是我多年珍藏。喝宋茶時，就使用宋代的天目碗與宋代的湖田窯來設席；茶宴的水很重要，喝明朝功夫茶時，就拿出玉書煨置於紅泥爐上，以龍眼炭燒水，孟臣壺沖泡，若琛杯品飲聞香，力求真實還原當朝時空背景，重現各朝代的茶宴景象。

因其時空背景與製茶方式，現代人要喝到真實的宋朝茶滋味，實屬不易。作者將宋朝茶的作法整理得非常仔細，條理分明，對於還原宋朝茶作法有莫大貢獻。我的心中一直存有一個宋茶大夢，這本書再度勾起了我的綺想，希望能早日克服萬難，做出我心目中的宋茶。這於我將不僅是一口茶而已，而是我對宋茶的學習、體會到實踐，是茶話人生中重要的一章。

開場白

為什麼要喝宋茶？

現代茶商用春茶仿製的大宋貢茶

這顆星球上有一種神奇的植物，它的名字叫做「茶」。茶，一不能充饑，二不能禦寒，好像沒什麼用。可是當你著急上火的時候，一碗茶沖下去，火氣就消了；當你抓耳撓腮的時候，一碗茶沖下去，靈感就來了。由此可見，茶是有靈性的，也是有神性的。

可惜庸夫俗子不懂得這個，就算懂了，也不一定能和茶結緣。為啥？因為喝茶是需要條件的。首先你得填飽肚子，其次你得擁有閒暇，假如碰上兵荒馬亂，連小命都保不住，哪還有工夫去喝茶啊！

以上這些話很樸實，很有見地，可惜不是我說的，而是宋徽宗說的，它是徽宗名作《大觀茶論》裡的一段序言。當然，徽宗說的是文言文，我把它轉換成了白話文。宋徽宗還說：自從大宋立國以後，喝茶的好時代就來了。

第一，天下好茶輩出；第二，人民安居樂業；第三，製茶工藝和品茶之道遠遠超過了此前任何一個朝代。由於宋朝具備這三大優勢，所以宋朝的茶人特別多，茶風特別興盛，上至文武百官，下至平民百姓，幾乎人人都喜歡喝茶。不光喝茶，宋朝還流行鬥茶，幾個書生湊到一塊兒，拎起茶壺就比賽，比賽誰的茶湯最香醇，誰的茶具最精緻，誰的手藝最高超。一個人如果不喝茶，一個家庭如果不藏茶，簡直都不好意思出門了。

我們聽完宋徽宗這些話，再翻看宋朝人留下來的筆記、日記、書信、詩詞、話本、戲曲，會發現他沒有吹牛，講的都是事實。宋朝人過日子，無論是消愁解悶，還是走親訪友，無論是起房蓋屋，還是談婚論嫁，都離不開茶，以至於老百姓把素菜館叫做「素分茶」，將小費稱為「茶湯錢」，管日常飲食叫「茶飯」，並給飯店服務生取了一個相當氣派的名字：茶飯量酒博士。

茶風興盛到這個地步，宋朝茶人自然免不了要驕傲一下了。

中國茶史上最出名的人物應該是陸羽吧？他是唐朝人，被尊為「茶聖」，自唐以降，世世代代的茶人都供他為祖師爺，可是宋朝人卻不把他放在眼裡。

北宋大臣蔡襄說：陸羽泡茶的時候，把水燒得咕嘟嘟冒泡，水泡的形狀像蟹眼似的，這種做法並不可取。水泡一旦大如蟹眼，那水就老了，就不適合泡茶了。（蔡襄《茶錄》）

宋仁宗時的進士黃儒說：假使陸羽起死回生，嘗嘗本朝新近推出的高級茶餅，體驗一下那種綿柔醇厚的茶香，他一定會悵然若失，後悔自己早生了幾百年。（黃儒《品茶要錄》）

南宋評論家胡仔說：陸羽以懂茶自居，在《茶經》裡枚舉了許許多多他所認為的好茶，其實他哪裡品嘗過什麼好茶呢？把《茶經》裡的茶拿到本朝，充其量都是些檔次不高的草茶而已。（胡仔《苕溪漁隱叢話》）

這些人之所以膽敢瞧不起陸羽，並不是因為他們比陸羽聰明，而是因為他們有幸生在宋朝。宋朝的國力不一定比唐朝強盛，但是宋茶卻一定比唐茶講究得多，甚至比現在的茶都要講究得多。

唐朝人喝茶，喝的是「煎茶」：把茶葉焙乾，碾碎，篩成粉末，撒到鍋裡，咕嘟嘟燒開，喝那鍋茶湯。這鍋茶湯很香，但也很苦，簡直像藥湯。為了減少苦味，或者說為了壓制苦味，唐朝人會往茶湯裡放鹽、薑、花椒、胡椒、核桃仁，結果又把藥湯變成了菜湯。

現代人喝茶，喝的是「泡茶」：把茶葉放到茶壺或者茶杯裡，用熱水直接沖泡，泡好開喝，喝完把茶葉渣倒掉。和唐朝的茶湯相比，現在的茶湯沒那麼苦，小口細品，舌底生津，回甘綿長，齒頰生香，就算苦，也是先苦後甜，就像世間所有的勵志故事。

宋朝人喝茶，喝的是「點茶」。這個點茶的「點」，可不是上館子點酒、點菜哦，它是調製茶湯的一種方式：把茶葉蒸熟、漂洗、壓榨、揉勻，放進模具，壓成茶磚，再焙乾、搗碎，碾成碎末，篩出茶粉，撮一把茶粉，放入碗底，加水攪勻，打出厚沫，最後才能端起茶碗細細品嘗。麻煩嗎？當然麻煩。好喝嗎？絕對好喝！因為宋朝的茶湯幾乎完全沒有了苦澀，只留下甘甜厚滑的芳香。我們說宋茶講究，指的就是這種不厭其煩的喝茶方式，以及這種甘香厚滑的奇妙口感。

說到不厭其煩，有的朋友可能會想到日本抹茶。沒錯，日本抹茶和宋茶非常相似，都需要蒸青、磨粉，都是把茶粉放進茶碗，然後用熱水調湯。但是抹茶比宋茶少了一道最關鍵的工序——做茶時沒有經過壓榨、揉搓，因此葉綠素和茶多酚沒什麼損失，可是卻苦得很，所以日本人喝抹茶之前，一般都要吃一些甜點。

說到甘香厚滑，有的朋友可能還會想到英國紅茶，或者想到印度拉茶。但是請注意，英國紅茶和印度拉茶之所以甘香厚滑，是因為加了牛奶，有時候還要加糖、加咖啡，如果沒有奶和糖的幫忙，它們的味道立馬打折。而宋茶就不一樣了，完全不需要別的東西，單槍匹馬上陣，就能征服天下茶人。

如果大家不嫌肉麻的話，那我還要繼續誇宋茶。

宋茶真的非常好喝，同時又非常單純。日本抹茶當然也單純，但它太苦；印度拉茶當然也好喝，但其中的煉乳讓它味道不單純；唯獨我們宋茶才能兼具甜美的口感與純粹的茶香，清新可喜，玲瓏剔透，就像童話中那位為七個小矮人收拾屋子的白雪公主。

除了好喝，宋茶的品相也相當可愛。

宋朝成品茶既不同於今天的綠茶，也不同於日本的抹茶，它是透過蒸青、碾磨和入模壓製等複雜工藝製造而成的精美磚茶。現在當然也有磚茶，不過個頭偏大，我在成都買過康磚、在赤壁買過花磚，最小的都有巴掌大小，重達五百公克，危急時刻可以拿來當作防身武器，或者被那些喜歡就地取材的現代女士拿來毆打花心老公。而宋朝的磚茶呢？或「八餅重一斤」，或「二十餅重一斤」（歐陽修《歸田錄》），小巧輕捷，一枚只有幾十克或者十幾克而已。現在的磚茶形狀單一，要麼方形，要麼圓形，要麼球形，而宋朝的磚茶卻能呈現出扇形、環形、玉玦、玉圭、月牙、花瓣等複雜造型，磚茶表面還能壓出遊龍戲鳳和五色彩雲等吉祥圖案。

宋朝人喝茶，講究把茶湯打出厚厚一層經久不散的泡沫，上層是雪白鬆軟的雲朵，下面像青黑幽靜的深潭。令人拍案叫絕的是，宋朝茶道中還有一種名為「分茶」的絕活——用茶匙、茶筅或者竹枝直接在茶湯的泡沫上勾畫圖案。高手甚至不需要借助任何工具，僅僅憑藉水流的沖擊力，就能使茶湯表面浮現出千奇百怪的詩句和水墨畫，比現代咖啡館的拉花技術更高超，也更具中國傳統山水之美。

好喝，好看，這就是我為什麼要用這本書來向大家推薦宋茶的理由。

如果您本來就是愛茶之人，那麼我建議嘗嘗宋茶。喝過紅茶，喝過綠茶，喝過白茶，喝過黑茶，但您未必喝過宋茶。宋茶的做法和現在的發酵茶或不發酵茶統統不一樣，宋茶的味道也和現在的功夫茶和瓶裝綠茶差異很大，值得我們探索和嘗試。

如果您不喜歡喝茶，那我更要建議您嘗嘗宋茶。您原先不愛茶，或許是因為拒絕接受現代茶的味道，可是當您品嘗到真正的宋茶以後，可能從此與茶兩情相悅，誓不分離。

OK，我的廢話到此打住，下面請您翻開正文，耐心閱讀，一步一步走近宋茶。

（本書技術由中國開封故闕堂・宋代茶文化體驗館支援）

南宋劉松年〈攆茶圖〉(局部)
一人站在方桌旁，左手持茶盞，右手提湯瓶，正要點茶。此人左手邊是一座正在燒水的風爐，右手邊是貯水甕。方桌上是篩茶的茶羅、貯茶的茶盒，以及茶盞、茶托、茶匙、茶筅等用具。

南宋劉松年〈攆茶圖〉(局部)
一人跨坐於一方長條矮几上，一手轉動茶磨，正在磨茶；茶磨一側放著一把茶帚，用來掃茶粉。

元趙孟頫〈鬥茶圖〉圖上賣茶小販背後都背著一把像雨傘一樣的東西，那是裝茶的「席囊」。

南宋劉松年〈鬥茶圖卷〉

宋代點茶（製作步驟）

先將茶粉放入盞底，加水調膏。

將少量熱水注入茶盞，用茶筅攪拌均勻。

第二次注水，並用茶筅擊拂。

再往盞中注入更多熱水，邊用茶筅攪拌擊打。

在茶筅的攪拌敲擊下，空氣融入茶湯，形成細密泡沫。

泡沫愈來愈厚，茶色愈來愈白。

點好的宋朝茶湯。

用上等宋茶調製的茶湯，很像臺灣奶茶。

目錄

參　做茶得趁鮮

肆　喝茶有講究

伍　宋茶的源流與演化

陸　宋朝茶典文白對照

壹

瞧，這才是宋茶

開篇第一章，先請大夥認識宋茶。

宋茶長什麼模樣？是黑是白？是紅是綠？是分散成一片一片的茶葉，還是緊壓成一坨一坨的茶磚？如果我們把它強行拉入現代茶葉的分類系統，它究竟屬於發酵茶還是不發酵茶？屬於春茶還是秋茶？屬於芽茶還是葉茶？屬於炒青茶還是蒸青茶呢？

如果解決了這些問題，那麼您對宋茶就有了相對完整的初步認識，就會明白某些推廣各式宋茶的商人是掛羊頭賣狗肉，因為他們做的壓根兒就不是宋茶，而是徹頭徹尾的現代茶。

宋朝只有綠茶

現代製茶工藝有「萎凋」和「發酵」兩個環節。

把新鮮茶葉均勻攤開，適度攪拌，讓陽光或空氣帶走一部分水分，使葉片從脆硬變得柔軟，消滅其青草氣，激發其茶香味，此之謂「萎凋」。

萎凋過後，繼續攪拌，使多酚類物質在酶的作用下生成茶黃素和茶紅素類的成分，改變茶葉的色澤和風味，此之謂「發酵」。

按照萎凋和發酵的程度，我們可以給茶貼上綠茶、紅茶、黃茶、白茶、黑茶、青茶等標籤。

綠茶是不發酵茶，例如西湖的龍井、信陽的毛尖、日本的煎茶、臺灣三峽的碧螺春。

紅茶是全發酵茶，例如安徽的祁紅、河南的信陽紅、福建的金駿眉、四川的馬邊功夫、印度的大吉嶺紅茶。

青茶是半發酵茶，例如岩茶、鐵觀音、廣東潮州的鳳凰

單樅、四川蒙頂的羅漢沉香、臺灣南投的凍頂烏龍。

黑茶是後發酵茶，例如雲南的普洱、陝西的茯茶、湖南的安化黑茶。

白茶和綠茶同屬於不發酵茶，但是做白茶需要長時間萎凋，在萎凋過程中存在著輕度發酵，所以有時候我們又叫它「輕發酵茶」。

黃茶不需要進行專門的發酵和萎凋，生產工藝和綠茶更加相似，但是它比綠茶多出來一道「悶黃」的工序：將殺青和揉撚後的茶葉用紙包好或者堆積起來，蓋上溼布，促使茶坯在水熱作用下進行非酶性的自動氧化。悶黃的時候自然也有發酵現象，所以黃茶也可以歸類到「輕發酵茶」或者「微發酵茶」的行列。

按照上述分類，我覺得宋茶只能是綠茶大家族當中的一員。為什麼？第一，宋茶生產沒有發酵環節；第二，宋茶也不需要經過萎凋。一不萎凋，二不發酵，這樣的茶當然屬於綠茶。

有的朋友可能會問：你怎麼就敢斷定宋朝製茶沒有萎凋和發酵環節呢？

答案很簡單：現今存世所有涉及製茶工藝的宋朝文獻，都沒有提到萎凋和發酵。相反的，像《大觀茶論》、《北苑別錄》、《宣和北苑貢茶錄》、《吃茶養生錄》、《苕溪漁隱叢話》這些記載宋茶工藝的文獻，倒一再強調製作宋茶要「朝採即蒸」、「即蒸即焙」、「使黃經宿，香味俱失」，意思就是當天採摘、當天殺青、當天烘焙、當天包裝，一天之內就要把新鮮茶葉變成可以出廠的成品茶，如果等到第二天才能做成，就會損失一部分茶香。按照這樣的製茶速度，茶葉不可能萎凋和發酵，最後出爐的成品茶只能是綠茶。

研讀過宋朝茶典的朋友可能還會提出質疑：宋徽宗《大觀茶論》明確提到大宋貢茶中有一款非常高級的「白茶」，難道不是表明宋朝就有白茶了嗎？你怎麼說宋朝只有綠茶呢？

我必須向大家說明，宋徽宗筆下的「白茶」絕對不是現在的白茶。現在的白茶是一種輕微發酵茶，不蒸不炒，自然萎凋，晾曬至七、八成乾，再用文火慢慢烘焙即成。目前可供加工白茶的茶樹品種很多，如泉城紅、泉城綠、福鼎大白、福鼎大毫、政和大白、福安大白等品種，其鮮葉均可做成白茶。而宋徽宗筆下的白茶卻是透過蒸青、壓黃、搗黃、過黃等獨特工藝製造的一款極品貢茶，其生產過程中根本沒有萎凋程序，和現在的白茶

將而中瘠者有明白內備而表質者其首面之異同難以槩論要之色瑩徹而不駁質縝繹而不浮舉之凝結碾之則鏗然可驗其為精品也有得于言意之表者可以心解又有貪利之民購求外焙已采之芽假以製造碎已成之餅易以範模雖名氏采製似之其膚理色澤何所逃于鑒賞哉

白茶

白茶自為一種與常茶不同其條敷闡其葉瑩薄崖林之間偶然生出雖非人力所可致有者不過四五

《大觀茶論》：
「白茶自為一種，與常茶不同。」

毫無共同之處。在宋朝，可供製作白茶的茶樹是非常稀少的，據宋茶文獻《北苑拾遺》記載，全國適合做白茶的茶樹僅有六棵，葉片平直，呈半透明狀，而且不能人工培植，所以茶農將這種茶樹當成祥瑞來敬拜。

由此可見，無論是加工方法，還是茶樹品種，宋朝白茶都和現在的白茶完全不同概念。大家讀了這本書以後，如果再看到市面上某款白茶吹噓是來自宋朝或者更為久遠的朝代時，一定不要相信，因為宋朝白茶僅僅是湊巧被宋朝人叫做「白茶」而已，它其實是綠茶，一款特別稀缺、特別名貴的綠茶。

宋茶屬於蒸青茶

要做綠茶，必須殺青，也就是透過高溫來蒸發新鮮茶葉的水分，破壞氧化酶的活性，使茶葉變軟，便於揉撚成形，同時去除一部分青草氣，促進茶香的形成。

殺青有三種方式：

一、晒青，把鮮葉放在陽光下照射。二、炒青，把鮮葉放到熱鍋裡翻炒。三、蒸青，利用蒸氣來殺青，把茶葉蒸軟，然後再進一步加工。

做白茶離不開晒青，做綠茶離不開炒青和蒸青。中國的綠茶絕大多數都是透過炒青製成的，而日本的綠茶則主要依靠蒸青方式製成。

前面說過，宋朝只有綠茶，那麼宋朝人做綠茶究竟是靠蒸青還是靠炒青呢？

答案是蒸青。

黃儒《品茶要錄》記載：「既采而蒸，既蒸而研。」徽

宋《大觀茶論》記載：「蒸而未及壓，壓而未及研。」趙汝礪《北苑別錄》記載：「每日採茶，蒸榨以過黃。」榮西《吃茶養生記》記載：「朝采即蒸。」宋子安《東溪試茶錄》記載：「蒸之必香，火之必良。……蒸芽必熟，去膏必盡。」謝肇淛《五雜俎》記載：「宋初團茶，多用名香雜之，蒸以成餅。」以上所有論述宋茶工藝的典籍，無論是中國人還是日本人寫的，無論是宋朝人還是明朝人寫的，都明確提到宋茶的殺青方式是蒸青而非炒青。

古代中國並不是沒有蒸青之外的其他殺青方式。

據元朝馬端臨《文獻統考》：「茗有片有散，片者即龍團舊法，散者則不蒸而乾之，如今之茶也。」元朝成品茶分為兩種，一種是磚茶（即引文中的「片茶」），一種是散茶。做磚茶需要蒸青，做散茶則「不蒸而乾之」。不蒸而乾，說明元朝人做散茶已經不需要蒸青了。

再看明朝人謝肇淛《五雜俎》怎樣記載明朝製茶：「古人造茶，多舂令細末而蒸之，……揉而焙之，則自本朝始也。」什麼是「揉而焙之」？當然是炒青嘛！另一位明朝人顧元慶在其著作《茶譜》中更加明確地寫道：「炒焙適中，盛貯如法。」炒青的火力要適中，貯茶的方法要得當。由此可見，用炒青方式做茶，很可能是明朝才開始的。可是為什麼宋朝那會兒沒有炒青、只有蒸青呢？這是個很有意思的話題，這裡先賣個關子，留待後文探討。

日本抹茶、臺灣奶茶與宋茶的區別

用同一種原料做茶，殺青方式不同，茶的風味便有很大的不同。一般而言，炒青茶口感鮮爽，但茶香不濃；蒸青茶味道醇厚，但口感苦澀。您要是不信，對比一下西湖龍井和日本煎茶就知道了。

中國是茶的故鄉，全世界的茶都源出中國，日本煎茶當然也不例外。

日本煎茶屬於典型的蒸青綠茶。主要選用茶樹頂端的鮮嫩茶芽，用料比中國綠茶講究「沒有農藥殘留」。生產這種綠茶的基本流程是這樣的：採摘、蒸青、揉撚、烘焙，總共四個環節，除了蒸青這一環節和中國絕大多數綠茶不一樣，其他都一樣。

日本還有一種選料更精、品質更高的蒸青綠茶，也就是大名鼎鼎的抹茶。生產抹茶的基本流程和煎茶相似，但是在烘焙之後又加了一道碾磨工序：把蒸青烘焙的茶葉碾磨

成細細的抹茶粉。飲用的時候，將抹茶粉放到碗底，分批沖入熱水，用茶筅快速攪動，調成一碗綠色的茶湯。

很多朋友認為日本茶就是中國古茶的翻版，特別是唐茶和宋茶的翻版，如果想瞭解唐宋古茶的味道，去日本嘗嘗煎茶和抹茶就可以了。其實大謬不然。

唐宋兩朝，成品茶的基本形態和今天沒有區別，無非就是兩個大類：一類是一片一片分散開來的散茶（宋朝稱之為「草茶」），一類是緊壓成某種造型的團茶（宋朝稱之為「片茶」，即現代人常說的磚茶）。這兩類成品茶都是蒸青綠茶，但是其生產工藝和飲用方式則和日本茶頗有不同。

就拿煎茶來說，日本人的喝法是沖泡，就像中國人喝炒青綠茶一樣。

而唐朝人喝煎茶（草茶）是把茶葉放進沸水鍋裡稍煮一會兒，加入少量的鹽、薑以及其他作料。如唐朝詩人薛能〈蜀州鄭使君寄鳥嘴茶〉詩云：「鹽損添常戒，薑宜著更誇。」離開了鹽和薑，就不是正宗的唐茶，至少不是主流的唐茶。

進入宋朝，在主流茶界，煮茶完全演變成了點茶。宋朝人將磚茶碾磨成粉，放在碗裡，沖入熱水，攪拌敲擊，打成茶湯，與日本人喝抹茶的方法很像。但是宋朝人做磚茶可比日本人做抹茶麻煩多了：必須將蒸青過後的茶葉反覆漂洗，反覆壓榨，盡可能地榨出苦汁，再把榨過的茶葉搗成茶泥，然後才能入模成型、入籠烘焙。抹茶講究的是營養成分，讓日本人做茶時榨去茶汁，他們才不捨得呢！

由於宋朝磚茶在生產過程中榨去了苦汁，所以不像日本抹茶那樣苦澀。同時由於宋朝團茶在生產過程中丟失了大量的葉綠素，所以調出的茶湯並不綠，而是泛出青黃、暗黃、青白、黃白或者像牛奶一樣的純白色。和愈綠愈上品的抹茶相比，這又是宋茶的一大特色。

用上等宋茶調出的茶湯口感輕柔，上層是乳白色的泡沫，很像不加珍珠（粉圓）的臺灣奶茶。不過臺灣奶茶的輕柔口感和乳白泡沫來自於牛奶，而宋茶則完全是憑藉優質的茶粉和高超的技巧擊打出來的。

眾所周知，臺灣奶茶又以「珍珠奶茶」最為出名，珍珠奶茶除了牛奶，還有用木薯粉為主要原料精製而成的「珍珠（粉圓）」。奶茶甘香，珍珠糯滑，美妙的味道和奇特的口感層層疊加，別有一番風味。珍珠奶茶由現代人發明，當然更不屬於宋茶的範疇，但是非常有趣的是，據傳以此種茶品聞名的「春水堂」曾從宋朝茶館中得到靈感——按《夢粱錄》記載，南宋杭州茶館「四時賣奇茶異湯，冬月添賣七寶擂茶、饊子、蔥茶，或賣鹽豉湯，暑天添賣雪泡梅花茶」。「七寶擂茶」是將芝麻、核桃等多種食材擂碎，與茶粉一起沖點成湯；「蔥茶」與「雪泡梅花茶」的配

方不得而知，但既以「蔥」、「雪泡」、「梅花」為名，說明茶湯裡除了茶，必然還有其他配料。特別是「雪泡」一詞，很容易讓人聯想起珍珠奶茶店裡那種用白糖、澱粉與奶精合成的雪泡粉，加入冰塊，在雪克壺裡搖起來，往杯裡一倒，泡沫層疊，捲起千堆雪，顏值爆表到與極品宋茶幾可亂真。

宋朝可能沒有花茶

很多女孩子不喜歡喝綠茶，只喜歡喝花茶，例如茉莉茶、玉蘭茶、菊花茶、玫瑰茶……花茶的色澤鮮豔，香味濃郁，據說還有排毒養顏的功效，所以成了女生的最愛。

我們通常說的花茶，並不是拿花瓣做成的茶，而是吸收了花香的茶。比如說，把炒青後的毛茶和茉莉花的花苞堆在一起，讓茶葉吸收茉莉的香氣，然後篩走茉莉，烘乾茶葉，就可以做成茉莉茶；如果將毛茶和桂花堆在一起，又可以做成桂花茶。當然，現在很多款花茶裡是可以見到花瓣或花苞的，那是為了產生點綴和增香的作用，歸根結柢說，花不是主角，茶才是主角。

花茶是中國人發明的，我們在明朝茶典中可以見到當時喝花茶和加工花茶的記載。例如明太祖朱元璋的兒子朱權在其著作《茶譜》[1]中寫道：「今人以果品為換茶，莫若梅、桂、茉莉三花最佳。可將蓓蕾數枚投於甌內罨之，少

頃其花自開，甌未至唇，香氣盈鼻矣。」直接將梅花、桂花或茉莉花的花苞投放到茶杯裡，沖入茶水，花苞緩緩綻放，花香會浸入茶湯。

朱權又寫道：「百花有香者皆可。當花盛開時，以紙糊竹籠兩隔，上層置茶，下層置花，宜密封固，經宿開，換舊花，如此數日，其茶自有香氣可愛。」他的意思是說，所有帶有芳香氣味的花都可以拿來做花茶。百花盛開的時候，用竹子編紮一個雙層的籠子，上層放茶，下層放花，外面用紙糊嚴，每天定時把開敗的花朵取出來，再放入新鮮的花朵，如此這般好幾天，竹籠上層的茶葉自然就被熏成了花茶。

可以斷定明朝已有花茶，可是有的學者為了表現中國花茶之源遠流長，竟然說花茶源於宋朝，這個說法就有些站不住腳了。

不瞞大家說，身為宋朝飲食文化的鐵桿粉絲，我非常希望能在文獻裡找到宋朝人加工花茶的證據，可是翻遍了存世的所有宋朝茶典，以及所有與宋茶有關的筆記、詩詞、話本、戲曲，都沒能發現花茶的蹤跡。

沒有發現不代表一定沒有，只能說宋朝很可能沒有花茶。假如將來有新的文獻或者考古成果問世，證明宋朝確實有花茶，那我會很開心的。

現代學者之所以斷言花茶源於宋朝，其依據是蔡襄《茶錄》裡的一句話：「茶有真香，而入貢者微以龍腦和膏，欲助其香。」茶有自然的香味，真正的茶香是不可替代的，可是進貢新茶的人為了增添茶香，做茶時摻入了少量的龍腦。

「龍腦」是什麼東西呢？其實是龍腦香木的樹脂和揮發油，又叫「龍腦香」，俗稱「龍腦子」，在宋朝又簡稱「腦子」，屬於名貴香料的一種。宋朝人加工高級茶，有時候確實會用一些香料來增香，不獨用龍腦，還會用到麝香、檀香、豆蔻、甘草、糯米糊……但是無論用什麼香料，做出來的都不是花茶。按照現代茶葉的分類，只能把這些摻了香料的宋茶歸類到「調味茶」的行列。

註釋

1 明朝有兩部《茶譜》，一部是顧元慶所寫，一部是朱權所寫，兩書同名，內容各異。

大宋貢茶全是春茶和芽茶

現代茶有很多分類方式。

如果按採摘季節來分類，有春茶、夏茶、秋茶、還有冬茶。

如果按茶葉採摘時的生長形態分類，又可以分成葉茶和芽茶：用已經舒展開的茶葉做的茶為「葉茶」，用尚未舒展開的茶葉做的茶叫「芽茶」。

從現有文獻來看，宋朝既有芽茶，也有葉茶，既有春茶，也有夏茶和秋茶，甚至在北宋末年還出現了冬茶。例如蔡京的兒子蔡絛說過：「茶茁其芽，貴在社前則已進御，自是迤邐宣和間，皆占冬至而嘗新茗，是率人力為之，反不近自然矣。」[1]往年進貢新茶，都是用早春萌發的茶芽製造，後來福建轉運使為了討宋徽宗的歡心，冬天用暖房把茶樹保護起來，使本該休眠的茶樹在十冬臘月抽出新芽，再用這些冬芽製成貢茶，趕在冬至之前獻給徽宗。

但是正如蔡絛所說：「茶茁其芽，貴在社前則已進御。」人工培植的冬茶「不近自然」，反倒不如早春的芽茶，大宋貢茶之所以珍貴，就是貴在「社前」這兩個字上。

所謂「社前」，指的是春社以前。春社是春天祭祀土地神的節日，時間是立春之後第五個戊日。例如二〇一六年的春社日是農曆二月初九，二〇一七年的春社日是農曆二月二十五，這個時間春寒料峭，即便在氣候溫暖的福建，茶樹也是剛剛抽出新芽不久，而宋朝的皇家茶園此時已經做出了第一批貢茶。

南宋有一位皇族子弟趙汝礪，宋孝宗時任福建路轉運司主管帳司，相當於福建省財政廳的處級官員。此人曾被派到當時的皇家茶園「北苑」主持貢茶生產，據他介紹：「頭綱用社前三日，進發或稍遲，亦不過社後三日。」[2]每年第一批貢茶一般在春社前三天出焙，如果某年春天氣溫回升太慢，或者起運之時出了差錯，最遲也不能晚於春社後三天，就必須把頭批貢茶運往京城。

頭批貢茶過後，依次起運第二批、第三批、第四批……截止穀雨時節，已經是最後一批貢茶了，因為穀雨一過，茶樹的頂芽基本上完全舒展開來（俗稱「開面」），芽茶成了葉茶，開始變得苦澀，不再適合製造貢茶了。從這個角度看，宋朝貢茶全部屬於春茶和芽茶。

我們現代人做綠茶，有「明前茶」，有「雨前茶」，前者在清明前採摘，後者在穀雨前採

摘，品質都很不錯。但是很少有人捨得在春社以前採摘「社前茶」，因為那時候剛剛萌發茶芽，茶葉太嫩，產量太低，成本太高，做出來的成品茶過於昂貴，茶香也不突出。

宋朝人為啥要用社前茶做貢茶呢？第一，那是貢茶，無需考慮成本。第二，宋朝茶人有這樣一種認識：芽茶勝過葉茶，嫩茶勝過老茶，新茶勝過陳茶[3]，茶葉愈是細嫩，其成品茶就愈高級。第三，宋朝茶界有這樣一種偏好：一款茶好不好喝，首先要看是否尚有苦澀成分，如果茶湯苦澀，哪怕回甘迅猛，後味綿長，也算不上好茶。為了滿足這一偏好，宋朝人不惜犧牲一部分茶香，用口感並不醇厚、香氣並不濃烈的早春茶芽來加工清甜適口的高級貢茶。

註釋

1 《鐵圍山叢談》卷六。

2 趙汝礪《北苑別錄》。

3 蔡襄《茶錄》：「茶或經年，則香色味皆陳。」新茶存放超過一年，其茶香、茶色與茶味都會變得遜色。唐庚《鬥茶記》：「吾聞茶不問團、鋌，要之貴新。」無論是方方正正的磚茶，還是長條形的磚茶，都是愈新愈好。

宋茶有三等：臘茶、片茶和草茶

讀到這裡，大家對宋茶應該有如下印象：

第一，它是綠茶，不是紅茶、黑茶、黃茶、白茶、烏龍茶，也不是花茶。第二，它是蒸青茶，不是炒青茶和晒青茶。第三，它以春茶為主，也有少量冬茶，但其高級茶則全是春茶。第四，它不等於日本抹茶，因其生產工藝和茶湯表現和抹茶有明顯區別。簡單說，採摘早春時節尚未舒展的頂芽，蒸軟，漂洗，榨去苦汁，入模緊壓，然後烘乾，就能得到正宗的宋茶。

但是並非所有的宋茶都要這樣加工。據《宋史・食貨志》：「茶有二類，曰片茶，曰散茶，片茶蒸造，實棬模[1]中串之。」可見宋茶既包括入模緊壓的片茶（磚茶），也包括一片一片的散茶。

散茶在宋朝又叫「草茶」，生產工藝比片茶簡單多了，只有蒸青和烘焙兩道工序，既不需要入模緊壓，也不需要

榨去苦汁，製造過程和日本煎茶一模一樣。可是它的飲用方式卻不同於煎茶：日本人用沖泡方式喝煎茶，宋朝人喝草茶之前則要碾磨成粉，加水調湯，這一點倒和抹茶非常接近。因為散茶加工起來簡單，所以售價比片茶便宜。《宋史．食貨志》有載：「片茶自十七錢至九百一十七錢，有六十五等；散茶自十五錢至一百二十一錢，有一百九十等。」片茶分為六十五個等級，最低等級十七文一斤，最高等級九百一十七文一斤；散茶分為一百九十個等級，最低等級十五文一斤，最高等級才一百二十一文一斤。

片茶也有高低貴賤之分，高級片茶叫做「臘茶」，比普通片茶要貴得多：「鬻臘茶，斤自四十七錢至四百二十錢，有十二等。」[2]宋朝官方將市面上的臘茶分為十二個等級，最低等級四十七文一斤，最高等級四百二十文一斤。

臘茶其實也是片茶，但是這種片茶選料更精，生產環節更多，常常還要摻入龍腦、麝香等名貴香料，使茶磚表面形成一層薄薄的油光，好像打了蠟一樣，故名「蠟茶」，訛稱「臘茶」。

註釋

1 「棬模」是宋朝工匠製造茶磚的一整套模具，又名「圈模」，其具體形狀在本書第三章有詳細介紹。

2 《宋史．食貨志》。

比黃金還貴的極品宋茶

按《宋史》所載，最高等級的臘茶每斤才賣四百二十文，似乎並不昂貴。拙著《歷史課本聞不到的銅臭味》考證過大宋銅錢的常年購買力，一文銅錢折合新臺幣不到兩兩塊半，四百二十文無非一千元左右，拿這點兒錢就能在宋朝購買一斤高級茶，便宜得很嘛！

事實上，《宋史．食貨志》透露的茶價僅僅是政府的專賣價，僅僅是國營茶廠對民間茶商的批發價，當這些茶最終賣到消費者手裡的時候，價格會翻上好幾倍。

另外，我們還必須要知道，宋朝的茶葉專賣制度和當時進口奢侈品的專賣制度非常相像，真正的高級貨是不允許流向市場的，只能進貢給皇帝，再由皇帝決定其去向。換句話說，能在市面上明碼標價銷售的茶，都不是真正的好茶。

真正的好茶在宋朝有多貴呢？歐陽修在《歸田錄》裡說過：「慶曆中，蔡君謨為福建路轉運使，始造小片龍茶以

進，其品精絕，謂之小團，凡二十餅重一斤，其價直金二兩。」宋仁宗慶曆年間，大臣蔡襄出任福建省長，給仁宗進貢了一批非常精緻的小型磚茶，二十枚重一斤，平均一枚只有八錢重[1]，還不到一兩，而它的價值卻相當於二兩黃金。

緊接著歐陽修又說：「然金可有，而茶不可得。」就算你拿出二兩黃金，也未必能買到，因為這種極品貢茶數量稀少，只有皇帝和近臣才有福氣享用。

不過大家不要失望，市面上買不到，我們完全可以自己生產。只要您能耐心讀完這本書，我保證很快就能掌握宋茶工藝，自己動手做一枚極品宋茶，自己品嘗或和朋友分享。

註釋

1 宋朝一斤為十六兩，一兩為十錢。

貳

採茶要趁早

想學做宋茶，首先要學採茶。

採茶有什麼難的呢？戴上防雨帽，背上小竹簍，雙手靈巧地在茶叢裡穿梭，一捏一提，一捏一提，專採一葉一芽、兩葉一芽的嫩尖兒，採到兩手裝不下，往茶簍裡一扔，一早上能採一竹簍耶！現在科技發達，裝備升級，電動採茶機早已問世，採茶效率更高哦！

真正採過茶的朋友會明白，這樁活兒並不像看上去那麼簡單。首先你得有好眼力，能從滿眼碧綠中迅速分辨出哪些能採、哪些不能採。其次你得知道怎麼下手，是用指甲掐斷，還是用指頭捏？是掐住葉梗，還是捏住葉片？是往上提，還是往下拽呢？看得準，下手穩，採得快，能做到這些，才算是一個基本合格的採茶工。

宋茶在選料和製作工藝上和現代茶有很大區別，對採茶的要求就更高了。一個合格的宋朝採茶工必須知道在什麼時間、什麼天氣採茶，採不同的茶葉需要什麼樣的工具和什麼樣的手法，以及怎樣對剛剛採到的茶葉進行初步揀選……

開工請準備

陸羽在《茶經》裡提到一種名叫「籯」的東西，並解釋道：「一曰籃，一曰籠，一曰筥，以竹織之，受五升，或一斗、二斗、三斗者，茶人負以采茶也。」籯、籃、籠、筥，同物而異名，指的都是竹簍，採茶時背在身後的竹簍。按陸羽描述，唐朝茶簍大小不等，最小的能盛五升，最大的能盛三斗，並有能裝一、二斗[1]的茶簍。

宋朝人採茶，身後一般也背著茶簍，不過當要採摘尚未開面的細嫩茶芽的時候，就請把茶簍扔一邊吧！《大觀茶論・採擇》云：「茶工多以新汲水自隨，得芽則投諸水。」採茶工人隨身攜帶新鮮乾淨的水，每採一枚茶芽，就放到水裡浸著。《品茶要錄・壓黃》云：「采佳品者，常於半曉間沖蒙雲霧，或以罐汲新泉懸胸間，得必投其中，蓋欲鮮也。」你想採到上等的茶芽嗎？OK，你要麼在天剛剛亮時趁著山嵐晨霧採摘，要麼在胸前掛一個水罐，罐子裡裝著

新汲的泉水，把採到的茶芽放進水罐，才能保證茶芽不受體溫的熏蒸、汗水的汙染和其他茶芽的擠壓，使之一直保持鮮嫩和完整。

也就是說，宋朝採茶有兩種容器，一是背後的茶簍，二是胸前的水罐。如果你對茶沒有很高的要求，請把採到的鮮葉大把大把地扔進茶簍；如果你要製造極品貢茶，請把那細嫩的茶芽一枚一枚地放入水罐，用潔淨甘甜的泉水來飼養它們，就像飼養一群活潑可愛的魚苗。當然，你也可以把這兩種容器都帶上，前懸水罐，後背竹簍，採到好茶就往水罐裡放，採到普通茶葉就往竹簍裡放，回去便於揀選和分級。

背上竹簍，拴上水罐，是不是就可以進山採茶了呢？不是，還需要一種採茶工具：茶鑷。南宋時來華求學的日本和尚榮西親眼見過宋朝人如何採摘新發茶芽：「茶芽一分二分，乃以銀鑷子采之。」[2]所謂「一分二分」，就是〇·一寸到〇·二寸，也就是三公釐到六公釐[3]之間。當茶芽發到這個長度，就可以採摘了。用什麼採摘呢？注意，不能用手指去捏，也不能用指甲去掐，必須用銀鑷子夾。因為這麼短的茶芽實在是太細太嫩了，一捏就扁，一掐就斷，一提就碎，一拽就爛，只能像外科醫生從傷患體內取彈頭一樣，小心翼翼地剝離肌肉，把彈頭一點一點地夾出來。

早春的頂芽非常細嫩，須用茶鑷採摘；清明過後，茶葉堅實得多，可以用茶剪採摘。榮西

《吃茶養生論》載：「寒食過後，葉梗堅實，茶民以竹剪采之。」說明宋朝的茶剪不是金屬製品，而是用竹子做的。為什麼要用竹剪，不用鐵剪採茶呢？榮西沒有解釋，我們按常理推測，可能是因為鐵剪容易氧化，宋朝人擔心鐵鏽會汙染茶香吧？

綜上所述，在宋朝採茶需要準備如下工具：茶簍、水罐、茶鑷、茶剪。其中茶簍和茶剪在採摘普通茶葉時使用，水罐和茶鑷在採摘頂級茶芽時使用。

註譯

1 「升」與「斗」均為古代容量單位，據《中國歷代度量衡考》，唐朝一升為六百毫升，一斗為六千毫升。

2 榮西《吃茶養生論》卷上。

3 宋朝官尺比現在的市尺要短，一尺的標準長度為三百公釐，故一寸長三十公釐。

指甲採摘

現在的採茶工具很先進，有半自動的採茶機，也有全自動的採茶機，但是不管哪種款式的採茶機器，暫時都不可能替代人工。有經驗的朋友都知道，採茶機效率高，品質卻難以保證，操作稍有不當，就把好茶採成爛茶了；所以「純手工採茶」這一傳統採茶方式，在現代仍然擁有無可取代的重要性。

如果不用採茶機，改用宋朝的茶鑷和茶剪，算不算純手工採茶？我覺得不算，所謂「純手工」，應該完全依靠一雙手去採摘。當然，這雙手是需要技巧的，怎麼提尖兒，怎麼揪葉兒，都需要長期訓練才能熟練掌握。

現代茶農採茶，不提倡用指甲去掐，一般都是用拇指和食指的指尖輕輕捏住葉梗，運用腕力迅速上提，把頂芽和旁葉一起摘下。為什麼不提倡用指甲呢？因為指甲會把茶葉掐破，使茶汁流出並迅速氧化，然後在傷口處形成黑點，精華流失了，賣相也不佳。

奇怪的是，宋朝茶農卻反其道而行之，寧可用指甲把茶葉掐斷，也不用指尖捏住葉梗往上提。南宋時的貢茶監造官趙汝礪是這麼解釋的：「蓋以指而不以甲，則多溫而易損；以甲而不以指，則速斷而不柔。」[1]用指尖採茶，汗液會讓茶葉變髒，體溫會讓茶葉變軟；用指甲採茶，從葉梗處迅速掐斷，指頭接觸不到，可以讓茶葉保持完整的形態和鮮嫩的質地。

趙汝礪的解釋有沒有道理呢？以今天的邏輯來看肯定沒道理。指尖會讓茶葉變髒，指甲難道不會讓茶葉變得更髒嗎？指尖會讓茶葉變軟，指甲還會把茶葉掐破呢！再說了，如果葉梗太粗，用指甲根本不能迅速掐斷，最後還要用上「掰」的手法，豈不讓人笑掉大牙？

不過這種「以甲而不以指」的採茶手法在宋朝卻是很有道理的，因為宋茶以春茶為主，尤其以早春芽茶為主，頂芽細嫩，葉梗鮮脆，輕輕一掐就能掐掉，此時頂芽完好無損，旁葉保持脆嫩，只有葉梗會流出汁液，很快會氧化發黑。但是不要緊，前面說過，人家胸前掛著水罐，把茶葉放進泉水裡養著，它就無法氧化啦！

註釋

1 趙汝礪《北苑別錄·採茶》。

驚蟄三天前動工

陸羽說：「凡採茶，在二月、三月、四月之間。」[1]從二月初開始，到四月底結束，這是唐朝採茶的合適時間。

宋朝採茶的開始時間比唐朝要早。

徽宗《大觀茶論》云：「茶工作於驚蟄。」黃儒《品茶要錄》云：「茶事起於驚蟄前。」趙汝礪《北苑別錄》云：「驚蟄節，萬物始萌，每歲常以前三日開焙，遇閏則反之，以其氣候少遲故也。」可見驚蟄前後就已經開始採茶了。平年的開採時間是驚蟄前三天，閏年的開採時間是驚蟄後三天，因為閏年氣溫回升較慢，茶樹抽芽稍晚。

驚蟄緊隨立春和春雨之後，是農曆二十四節氣中的第三個節氣，通常在正月中下旬，個別年分會延遲到二月上旬。例如二〇一五年驚蟄是正月十六，二〇一六年驚蟄是正月二十七，二〇一七年驚蟄是二月初八，二〇一八年驚蟄是正月十八。如果不逢閏年，宋朝茶農會從驚蟄前三天

（也就是正月中旬前後）開始動工，明顯比陸羽所說的二月開採要早得多。

事實上，宋茶採摘的結束時間也比唐朝要早。

南宋王觀國《學林新編》云：「茶之佳品，造在社前；其次則火前，謂寒食前也；其下則雨前，謂穀雨前也。」[2]高級茶製造於春社以前，中級茶製造於清明以前，低檔茶製造於穀雨以前。言外之意，只要過了穀雨，就不再適合採茶了。

南宋時官修的地方誌《建安志》云：「閩中地暖，穀雨前茶已老而味重。」[3]福建地氣溫暖，茶樹抽芽比其他地方早，到了穀雨時節，茶葉已老，味道苦澀，所以福建茶農在穀雨前就得停止採摘。穀雨是什麼時候？農曆三月而已。二月開採，三月結束，宋朝人採茶，一年當中最多也就這兩個月的時間。

宋朝疆域雖小，茶區還是蠻多的，除了福建出產名茶，江蘇、江西、廣東、廣西、浙江、四川、安徽、湖南等地都產茶。各地氣溫不一，水土各別，茶樹生長有早有晚，未必全像福建茶農那樣僅在二、三月間採茶，所以我們不能排除其他地區的茶農在穀雨過後、甚至立夏過後仍然採摘的可能。但是有一點可以肯定，宋朝不會有秋茶。

明朝人許次紓說：「往日無有於秋日摘茶者，近乃有之。秋七八月重摘一番，謂之早秋，其

品甚佳。」[4]許次紓說的「往日」，指的是明朝以前，明朝以前「無有於秋日摘茶者」，其中自然包括宋朝。

時至今日，西湖龍井在清明前採摘，臺灣青茶在清明與穀雨之間採摘，武夷岩茶在穀雨過後採摘，白毫烏龍在初夏採摘，鐵觀音在一年四季均可採摘，為什麼宋茶卻不能在秋天採摘呢？據我分析，這主要和宋朝的製茶工藝和口感偏好有關。首先，宋朝沒有炒青茶，沒有發酵茶，只有蒸青綠茶，而做蒸青綠茶需要尚未開面的嫩芽做原料，所以採摘宋茶的最佳時機自然是農曆二、三月分。其次，宋朝人不喜歡苦澀味，他們追求「甘、香、厚、滑」，即兼具甘甜、清香、醇厚、細滑這四種口味的茶湯。除了春茶，還有哪個季節的茶能滿足他們如此上等的偏好呢？

註釋

1 《茶經》卷上〈三之造〉。
2 《學林新編》原書已佚，此處轉引自胡仔《苕溪漁隱叢話》前集第四十六卷。
3 《建安志》原書已佚，此處轉引自文津閣四庫全書本《北苑別錄》小字補注。
4 許次紓《茶疏·採摘》。

太陽初升，馬上收工

ＯＫ，我們犧牲掉其他季節，只在穀雨前進園採摘，那是不是就可以全天候趕工了呢？

答案仍然是否定的。

現在的茶農採茶，早上會穿雨衣，上午和下午還會戴上遮陽帽。如果來到宋朝，就把遮陽帽扔了吧，因為根本用不著。

早在宋徽宗撰寫《大觀茶論》之前，有一位名叫宋子安的茶人就說過：「凡採茶，必以晨興，不以日出，日出露稀，為陽所薄，則使芽之膏腴出耗於內。」[1]採茶必須把握正確的時機，一大早就要開工，太陽一出來就要收工。為啥？太陽一出來，茶葉上的露水就蒸發了，頂芽得到陽光照射，它會迅速生長，迅速開面，迅速從高級芽茶變成普通葉茶，從而失去採摘價值。

日出之前，山霧很濃，露水很重，人在茶叢中穿梭，

會打溼衣服和頭髮，所以最好穿上雨衣。現在我們有輕薄透明的防水布，宋朝可沒有，採茶人只能戴上斗笠，披上蓑衣，再加上胸前的水罐和背後的茶簍，如此這般全副武裝上山。採到太陽東升，霧氣消散，無論採了多少，立即收工下山。

即使是在最適合採摘頂級茶芽的驚蟄前後，也不是每天早上都有機會上山採茶，還要看天氣如何。用仁宗朝進士黃儒的話說：「陰不至於凍，晴不至於暄，……有造於積雨者，其色昏黃。」2 陰天可以採茶，但是氣溫不能低於零度；晴天也可以採茶，但是天氣不能過於暖和；如果碰上連陰雨，只能停工不採，因為在陰雨天採摘的茶葉不能造出符合要求的磚茶，調出來的茶湯將會黯淡無光。

註釋

1 宋子安《東溪試茶錄》，商務印書館一九三六年版，與蔡襄《茶錄》、趙汝礪《北苑別錄》合刊。

2 黃儒《品茶要錄·采造過時》，收錄於涵芬樓百卷本《說郛》第六十卷。

皇家茶園
採茶大作戰

北苑茶園今貌

宋朝福建有個建安縣（今建甌市），縣城往東三十里有一座鳳凰山，那裡氣候溼潤、水質優良、土質奇特，出產最優質的茶葉，故此被開闢為皇家茶園，時稱「北苑」。

北苑方圓三十多里，內有茶園四十六座，每年初春需要雇用二百二十五名採茶工人，這些工人必須是北苑附近的本地人。之所以要用本地人，倒不是為了解決就業問題，而是因為本地人「非特識茶發早晚所在，而於採摘各知其指要」[1]，不但知道哪座山頭的茶最先抽出新芽，而且早已熟練掌握採茶的要領，不需要培訓就能上工。

《北苑別錄》記載了這兩百多名工人同時採茶的盛況：

「每日常以五更撾鼓，集群夫於鳳凰山，山有打鼓亭。監采官人給一牌，入山，至辰刻復鳴鑼以聚之，恐其逾時，貪多務得也。」皇家茶園裡有一位專門帶領大家採茶的監採官，所有工人都要服從他的安排。每天五更，也就是凌晨

三點到五點之間，監採官在鳳凰山上的打鼓亭裡擂響大鼓，咚咚咚，咚咚咚，工人們在鼓聲中起床、梳洗、穿戴整齊，然後帶上工具，上山集合。他們來到打鼓亭，每人從監採官手裡領到一塊編了號的牌子，隨即消失在漫山遍野的茶園之中。到了辰時，也就是早上七點到九點之間，監採官只要看見太陽一出來，就會敲響銅鑼，哐哐哐，哐哐哐，通知採茶工人停止工作，帶上各人的勞動成果返回打鼓亭。

敲鑼又叫「鳴金」，擊鼓出戰，鳴金收兵，本是戰場上的通例，結果被宋代皇家茶園當成了採茶的號令。如果採茶工人貪心不足，聽見鑼聲還繼續採，不能及時趕到打鼓亭，想必會受到軍法的嚴厲懲罰。

《北苑別錄》的作者趙汝礪曾經用誇張的筆法寫道：「方春蟲震蟄，千夫雷動，一時之盛，誠為偉觀。故建人謂：至建安而不詣北苑，與不至者同。」每年驚蟄時節，一千多名採茶工人（其實沒有千餘名，只有二百多名）同時上山，密集的腳步聲響徹北苑，宛如春雷滾滾，真是皇家茶園的一大勝景啊！所以建安人說：來到建安而不到北苑看看採茶，就和沒來過建安一樣。

註釋

1　趙汝礪《北苑別錄・採茶》。

茶生病

新發的頂芽被兩片小葉纏抱起來，謂之「白合」

在農曆二、三月這個採茶旺季，採茶工人每天五更上山，辰時收工，一天只採那麼幾個小時，就能從皇家茶園領到薪水，這項工作並不算苦嘛！

您放心，需要採茶工去做的工作還多得很，比如說，他們要治茶病。

什麼是「茶病」？是不是早起霧霾太重，讓採茶工人患上了咽炎、鼻炎或者慢性哮喘？又或許早上氣溫太低，露水太多，久而久之，搞得一部分採茶工人關節炎復發？No，No，No，這裡的茶病可不是人生病，而是茶生病。

筆者綜合分析《大觀茶論》、《品茶要錄》與《北苑別錄》等三部宋朝茶典，將宋朝流行的三種茶病一一列舉出來：

第一種茶病叫「烏蒂」。

烏蒂就是黑蒂，黑蒂就是黑梗。正像我們前面敘述的那

樣，宋人用指甲採茶，會把葉梗掐斷，會使茶汁流出，如果不放進泉水裡浸泡，斷口處將氧化變黑，形成烏蒂，影響成品茶的色澤。

第二種茶病叫「白合」。

頂芽新發，旁側會伴隨生長一、兩片小葉，小葉如果長得畸形，會把頂芽纏抱起來，而纏抱頂芽的那兩片小葉就叫白合。

第三種茶病叫「盜葉」。

所謂盜葉，是指相鄰的兩片嫩葉長到了一塊兒，環繞相抱，顏色很淡，乍一看，還沒開面，極像頂芽，但它已經不是頂芽了，而是旁葉，只不過相互纏繞，沒有舒展開而已。

宋徽宗說：「茶之始芽萌則有白合，既擷則有烏蒂，白合不去害茶味，烏蒂不去害茶色。」[1]剛剛抽出的新芽可能有白合纏抱，剛剛摘下的茶葉可能有烏蒂出現，你把茶葉採回家，趕緊剝掉白合，剪掉烏蒂，然後才能做茶。不去白合的話，茶味會變苦；不去烏蒂的話，湯色會變黑。

黃儒說：「其或貪多務得，又滋色澤，往往以白合、盜葉間之。試時色雖鮮白，其味澀淡者，間白合、盜葉之病也。……造揀芽，常剔取鷹爪，而白合不用，況盜葉乎？」[2]採茶工人追求數量，或有意或無意，將白合與盜葉當作頂芽，混雜在真正的頂芽當中，如果不把它們篩選出去，就造不成極品宋茶。

綜上所述，皇家茶園的雇工們採完茶葉，都要做一番仔細篩選，治療烏蒂、白合、盜葉等茶病。

然後呢？然後還要再篩選一遍，給已經治癒的茶葉分類、分級。

註釋

1 《大觀茶論．採擇》。

2 《品茶要錄．白合盜葉》。

泉水養的特級茶葉

由左至右，依次是小芽、揀芽、中芽

在宋朝，像那種闊大、堅實、完全開面、沒有頂芽的老葉是很受茶人鄙視的，因為老葉不適合做綠茶，更不適合做蒸青綠茶。換句話說，完全不適合做宋茶。如果為了避免浪費，非要做成宋茶的話，只能做成低檔的草茶，不能做成高級的片茶，更不能做成專供皇家享用的貢茶。

什麼樣的茶葉才可以做貢茶呢？我們讀讀兩宋之交熊蕃、熊克父子撰寫的《宣和北苑貢茶錄》就知道了：「凡茶芽數品，上品者曰小芽，如雀舌鷹爪，以其勁直纖挺，故號芽茶；次曰揀芽，乃一芽帶一葉者，號一槍一旗；次曰中芽，乃一芽帶兩葉，號一槍兩旗；其帶三葉、四葉，皆漸老矣。」可供製造貢茶的茶葉必須是頂芽未開的嫩葉，茶工們將其分成「小芽」、「揀芽」、「中芽」這三個級別。

小芽就是純粹的茶芽，苞葉挺直，又尖又細，只有頂芽，沒有旁葉。

揀芽是一枚頂芽帶一片嫩葉，也就是俗稱的「一槍一旗」，臺灣稱為「一心一葉」。中芽是一枚頂芽帶兩片嫩葉，俗稱「一槍兩旗」，臺灣稱為「一心二葉」。

從小芽到中芽，分別可以製作品級不等的貢茶。中芽以下，如「一槍三旗」、「一槍四旗」，哪怕是頂芽未開，也不能用了。

不能用怎麼辦？難道白白扔掉嗎？應該不是。現在中國大陸的茶農雇人採茶，往往會把茶廠不收的老葉和茶枝送給雇工，作為薪資以外的酬勞。照此推想，那些在宋朝皇家茶園採茶的雇工想必也會有此酬勞：採過茶，分過級，將中芽以下的茶葉帶回家去，做成草茶自己喝。

揀芽比中芽高級，小芽比揀芽高級，故此小芽堪稱特級茶葉。可是宋朝人精益求精，在特級茶葉之上又「發明」出一種更加高級的製茶原料：水芽。

《宣和北苑貢茶錄》載：「宣和庚子歲，漕臣鄭公可簡始創為銀線水芽，蓋將已揀熟芽再剔去，只取其心一縷，用珍器貯清泉漬之，光明瑩潔，若銀線然。」宋徽宗宣和三年（西元一一二一年），福建省長鄭可簡始創「銀線水芽」：先將小芽蒸軟，漂洗乾

一槍三旗的老葉不適合做貢茶

淨，一枚一枚拿出來，小心翼翼地剝掉外膜，取出一縷極細的芽芯，然後用珍貴的器皿貯滿清冽的甘泉，把剛剛取出的芽芯放進去，只見芽芯晶瑩剔透，亮如銀線，在泉水中載沉載浮，真是愈看愈可愛。

您看，宋朝人在做茶上就是這麼不計工本，就是這麼匠心獨具。

做茶得趁鮮

宋朝人做茶，可以做成草茶，也可以做成片茶。草茶青綠可愛，葉片完整，像現在的六安瓜片[1]；片茶緊壓成團，小巧精緻，像現在的普洱銀磚。不過，外形相似，製法大異——瓜片是炒青，宋茶是蒸青；普洱後發酵，宋茶不發酵。

做草茶很簡單，把茶葉蒸軟、蒸透，出鍋漂洗，攤晾半乾，入籠焙製，即成草茶。無論是看外形，還是看工藝，宋代草茶都和日本煎茶非常相似，唯獨飲用方式不同。日本煎茶是沖泡飲用，宋朝草茶則需要磨粉調湯。

做片茶就麻煩多了，除了前期的蒸青和後期的烘焙，中間還需要壓黃、研膏、入棬成型……什麼是「蒸青」？什麼是「研膏」？什麼是「入棬成型」？大宋片茶還有哪些特色呢？您別急，聽我慢慢道來。

註釋

1 明代許次紓《茶疏》提到「天下名山，必產靈草。江南地暖，故獨有茶。大江以北，則稱六安」。六安瓜片即產於安徽省六安地區，是中國十大名茶之一，其外形似瓜子，色澤翠綠，香氣清高，味鮮甘美，耐沖泡。

蒸青和研膏

搗黃用的木杵和陶缽

北宋大文學家范仲淹寫過一首很長的長詩〈和章岷從事鬥茶歌〉，其中有這麼四句：

終朝采掇未盈襜，唯求精粹不敢貪。
研膏焙乳有雅制，方中圭兮圓中蟾。

前兩句寫採茶：採茶工人忙了一整個早上，也沒能採滿一簍，因為他只採最好的茶葉，不敢貪多務得。

後兩句寫做茶：經過了「研膏」、「焙乳」等工序，終於做出了巧奪天工的片茶，有的片茶像玉圭一樣方正，有的則像皓月一樣渾圓。

焙乳是製造宋茶的最後一道工序。乳，茶也；焙，烤也，把出模的茶磚架在炭火上烘烤，烤到內外乾透，這就是焙乳。

研膏則是製造宋茶的第二道工序，這個環節非常關鍵，非常獨特，它是宋茶區別於唐茶的最大特色，也是宋茶區

別於現代茶的最大特色。

我們先聊聊蒸青，然後再仔細講研膏。

新摘的茶葉，揀選，分級，去掉白合、烏蒂、盜葉等茶病，分出中芽、揀芽、小芽等級別，這時候茶葉仍然是溼的，露水未乾，潮氣未除，甚至還免不了會帶些細微的塵土，所以需要「再四洗滌，取令潔淨，然後入甑」[1]。將茶葉放到水中反覆漂洗，直到非常乾淨，再撈出來蒸青。

蒸青需要一口大鍋，鍋裡倒入半鍋清水，鍋上架甑，甑上蓋籠。宋朝的茶甑用陶製成，外形像盆，只是在盆底密密麻麻鑿出許多小圓孔，蒸氣可以嗤嗤地透過小孔往上竄。大火燒開，把茶葉攤放到甑裡，蓋上用竹子和葦葉編織的茶籠，直到蒸熟為止。

炒青最講究火候，蒸青亦然。《北苑別錄》云：「蒸有過熟之患，有不熟之患，過熟則色黃而味淡，不熟則色青易沉而有草木之氣，唯在得中之為當也。」茶葉不能蒸得太老，也不能蒸得太生。蒸得太老的話，茶色變黃，茶香變淡；蒸得太生的話，茶香不純，殘留著濃濃的青草氣。

可是怎樣才能判斷蒸青的火候是否恰到好處呢？現存於世的所有宋朝茶典都沒有說明，我們只能透過實際操作來總結要點。根據我的實做經驗，把茶葉攤得薄薄的，最多只攤兩層，大火蒸十五分鐘左右，住火，揭籠，發現茶葉的顏色由青綠變為嫩黃，捏一片嚐嚐，沒有一丁點兒青草氣，那就算成了。如果茶葉還很綠，同時殘留著濃郁的青草氣，說明火候不到；如果茶葉變得暗黃，能聞到淡淡的糊鍋味，則說明火候太老了。

茶葉蒸熟了，現在開始研膏。

研膏又分為三個環節：一、壓黃；二、搗黃；三、揉黃。

所謂「壓黃」，就是用竹片和細布把蒸青過後的茶葉包起來，放到木榨的榨槽裡，再往榨桿上吊一塊石頭，在重力和槓桿力的作用下慢慢擠壓，把多餘的水分和苦澀的茶汁壓榨出來。不過並非所有的茶葉都能這樣壓黃，我們還要根據茶葉的品級來選擇不同的壓黃方式。如果是一槍二旗的中芽、一槍一旗的揀芽、沒有旁葉的頂芽，沒關係，就用木榨壓黃好了。如果是從頂芽裡剔取的銀線水芽，就不能入榨了，必須用絲布包住，壓上一塊石板，輕輕擠壓裡面的苦汁。為什麼不能把水芽放到木榨裡壓黃呢？因為水芽太細太嫩，本身沒有多少苦汁，假如借助槓桿力量使勁擠壓，會把水芽的精華全部榨走，可謂暴殄天物。

「搗黃」這個詞有些怪異，乍聽好像是警察勇猛掃蕩色情行業，其實它的意思是把壓榨過的茶葉放進陶鉢裡，用一根木杵反覆舂搗，一邊舂搗，一邊研磨，一邊用泉水漂洗，如此這般很多遍，直到把茶葉裡的苦澀成分徹底清理乾淨。按照《北苑別錄》的記載，製造最高級的貢茶「龍

團勝雪」和「白茶」時，竟然需要研磨十六遍，一個茶工研磨一天，也只能做成一枚片茶。

到「揉黃」的環節就輕鬆多了，因為此時的茶葉已經成了無比細膩的茶泥，從搗黃的陶缽裡抓起一團茶泥，拍打得結結實實，用熱水沖一沖，再將其揉勻，揉得油光可鑑，即可放入模具，壓成茶磚。

壓黃、搗黃、揉黃，完成這三道工序，也就完成了研膏。以前研究宋茶的朋友大多不明白研膏的真實含義，有人以為是把壓榨出來的茶汁熬成茶膏，有人以為是把龍腦、沉香、麝香、檀香等名貴香料研磨成粉，加水調膏，再摻到茶裡，以增加成品茶的香度和亮度。這些理解都是錯誤的，和宋茶的實際生產工藝相悖，誤導了廣大受眾。

研膏是宋茶獨有的生產工藝，是宋茶區別於唐茶和現代茶的關鍵特徵。唐茶是蒸青茶，但是不研膏；日本的煎茶和抹茶也是蒸青茶，同樣不研膏；中國綠茶和臺灣烏龍茶更不用說，既不蒸青，也不研膏。如果讓我們給宋茶下一個簡單定義的話，用五個字即可概括：蒸青研膏茶[2]。

用我們現代人的眼光來看，研膏有利也有弊。去除苦澀的成分，凸顯清甜的口感，透過舂搗、揉捏和拍打來釋出少量茶油，使茶磚表層發光發亮，改善成品茶的品相，這是研膏的好處。可是在壓榨、研磨和反覆漂洗的時候，茶葉裡對人體有益的營養成分必然損失過半，這又是研膏的壞處。唐朝人和現代人做茶之所以不研膏，主要就是怕營養成分流失。

陸羽曾在《茶經》中提到唐人做茶的忌諱：「散所蒸芽筍並葉，畏流其膏。」蒸青之時，要用特製的叉桿及時翻動頂芽和嫩葉，以免茶汁流到鍋裡。您瞧，在蒸青的環節都要避免茶汁流出來，更何況是研膏呢？

唐朝人怕營養流失，不敢研膏；宋朝人怕茶湯發苦，反覆研膏。如果讓我來判斷唐茶與宋茶孰優孰劣的話，我會判宋茶勝出。沒錯，研膏的宋茶確實損失了許多對人體有益的營養成分，可是營養成分真的有那麼重要嗎？特別是在這個物質豐足的時代，我們最不缺乏的恰恰就是營養。

註釋

1 《北苑別錄．蒸芽》。

2 嚴格來講，「蒸青研膏茶」這個定義並不能概括所有宋茶，因為宋朝除了有片茶，還有草茶，而草茶是不需要研膏的。

茶磚款式多

要做茶磚，必須有一套模具，宋朝人將做茶的模具叫做「棬模」，有時也叫做「圈模」。

「棬」和「模」是兩種不同的構件，棬在下，模在上，棬是容器，模是蓋子，把研過膏的茶黃放入棬中，再用模去壓，才能壓出不同造型的茶磚。

棬是木字旁，說明最初是用木頭刻的模具。可是木頭不夠光滑，又有氣味，所以宋朝人改用金屬來製造棬。用什麼金屬呢？一般用銅和銀。不過宋朝也有用竹子製造的棬，竹子堅韌，不易變形和腐朽，即使有點兒氣味，也是清香的氣味，不會讓茶受到汙染。

模也是木字旁，但在宋朝全是用金屬鑄造。現存文獻中沒有模的圖樣，我們只能推想其形狀：一塊金屬板，上面有一個提鈕，另一面陽刻花紋和文字。把茶泥放在棬中，攤滿，攤勻，壓上這塊金屬板，把茶泥壓實，壓成茶磚，壓出漂亮的花紋和落款。

宋徽宗宣和二年（西元一一二〇年），北苑貢茶達到極盛，不同造型的茶磚多達幾十種，我把它們的名稱、尺寸和造型製成圖表如下：

品名	造型	尺寸
貢新銙	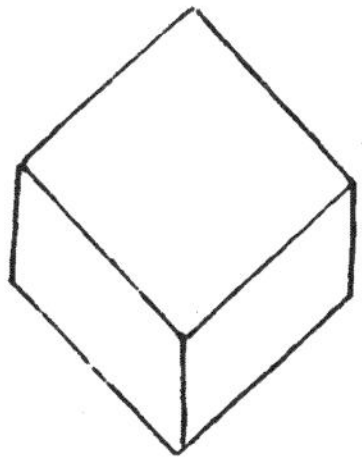	邊長一寸二分
試新銙	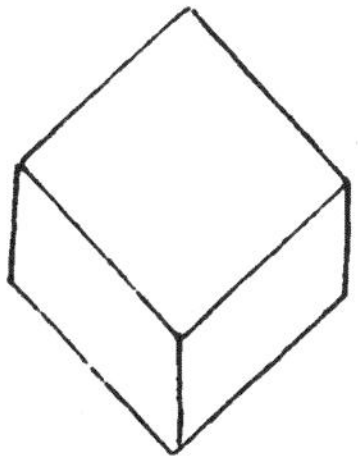	邊長一寸二分

龍團勝雪	白茶	御苑玉芽
邊長一寸二分	直徑一寸五分	直徑一寸五分

萬壽龍芽	上林第一	一夜清供
直徑一寸五分	邊長一寸二分	邊長一寸二分

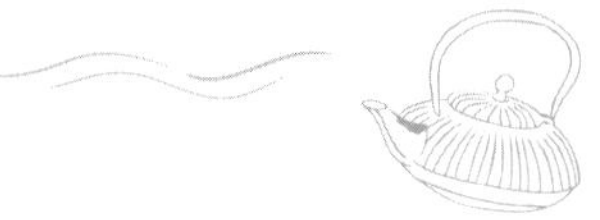

承平雅玩	龍鳳英華	玉除清賞
邊長一寸二分	邊長一寸二分	邊長一寸二分

啓沃承恩	雲葉	雪英
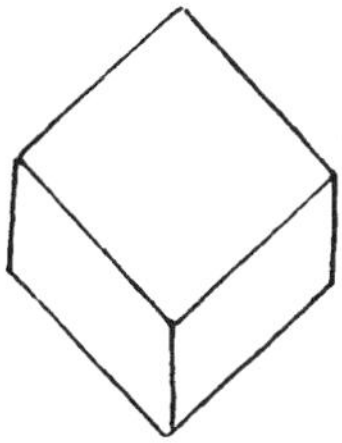		
邊長一寸二分	橫長一寸五分	橫長一寸五分

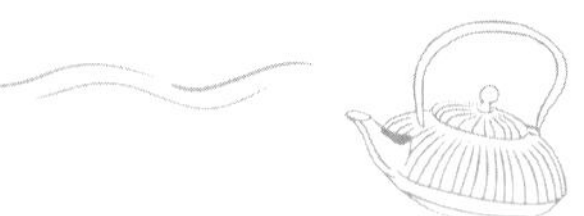

蜀葵	金錢	玉華
直徑一寸五分	直徑一寸五分	長軸一寸五分

寸金	無比壽芽	萬壽銀葉
	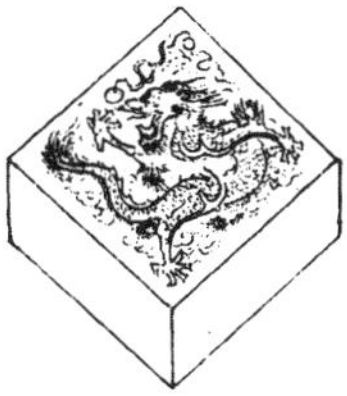	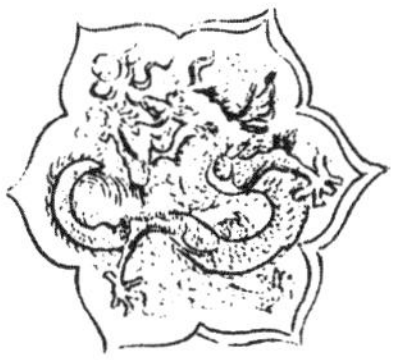
邊長一寸二分	邊長一寸二分	兩尖徑長二寸二分

宜年寶玉	玉清慶雲	無疆壽龍
長軸三寸	邊長一寸八分	長一寸

玉葉長春	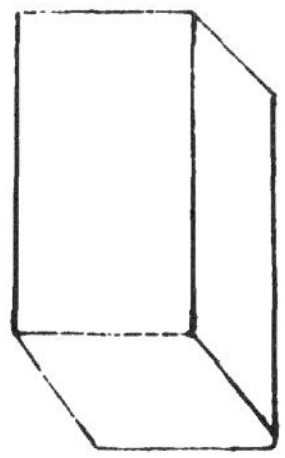	長三寸六分
瑞雲翔龍	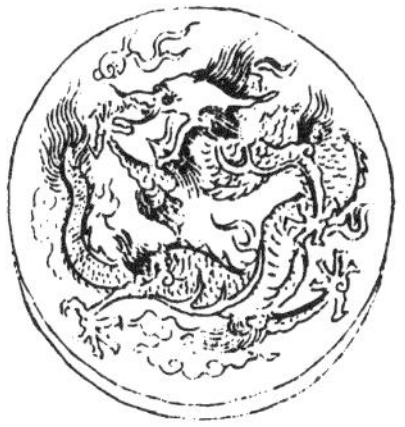	直徑二寸五分
長壽玉圭	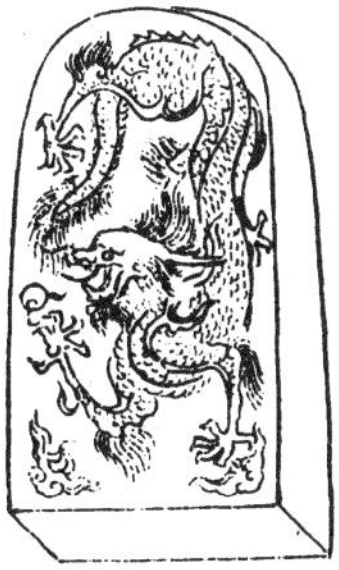	長三寸

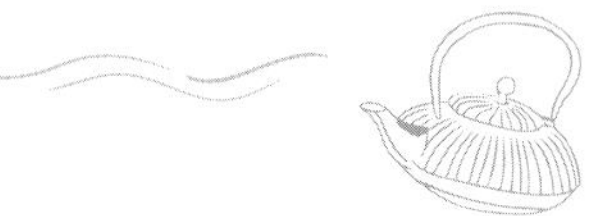

與國岩銙	香口焙銙	上品揀芽
邊長一寸二分	邊長一寸二分	直徑一寸五分

新收揀芽	太平嘉瑞	龍苑報春
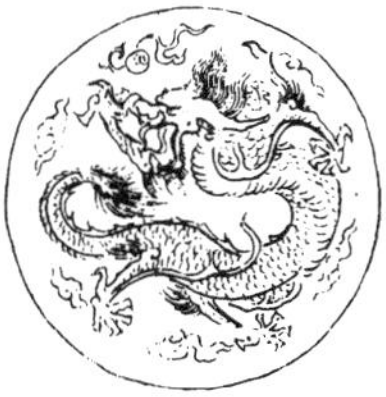	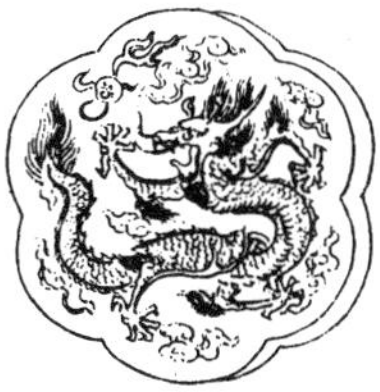	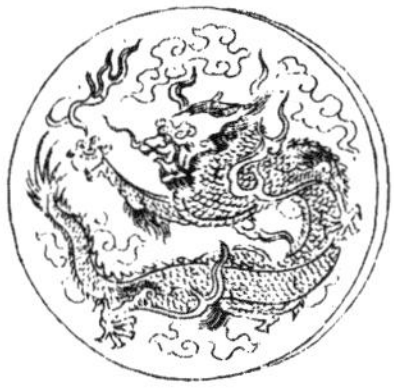
直徑一寸五分	直徑一寸五分	直徑一寸七分

南山嘉瑞	興國岩揀芽	小龍
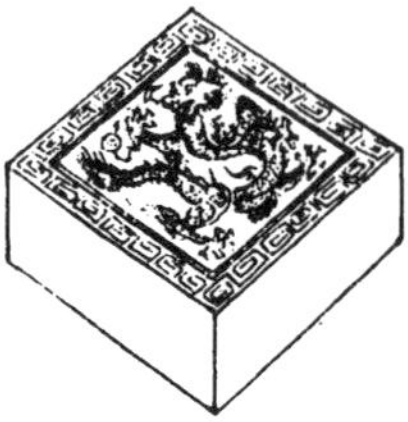		
邊長一寸八分	直徑三寸	直徑三寸

小鳳	大龍	大鳳
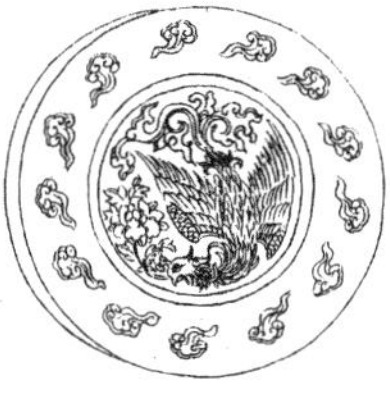	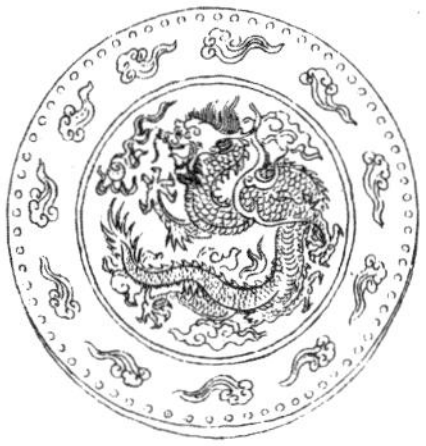	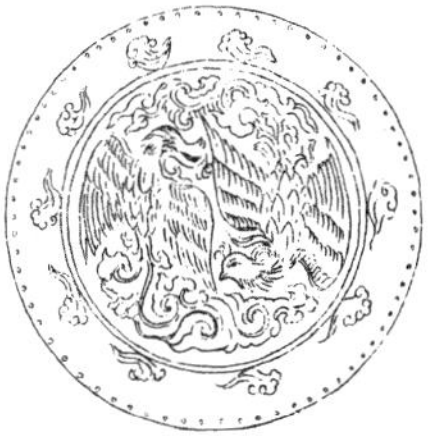
直徑三寸	尺寸待考	尺寸待考

這些貢茶或大或小、或方或圓、或長或短，甚至還有類似樹葉、花瓣和雪花形狀的造型。它們的花紋也是多種多樣，有龍有鳳、有雲朵有如意。宋朝人之所以能把貢茶造出如此豐富多彩的款式，正是因為他們擁有一整套大小不等、款式各異的棬模。

宋朝茶磚的造型和花紋絕不僅限於上面列舉的那些。蘇東坡描寫過一款造型更加奇特的茶磚：「環非環，玦非玦，中有迷離玉兔兒，一似佳人裙上月。月圓還缺缺還圓，此月一缺圓何年。君不見鬥茶公子不忍鬥小團，上有雙銜綬帶雙飛鸞。」[1]老蘇筆下的這款茶既不圓也不方，被茶工做成了月牙狀，月牙上面還印著一隻兔子，所以被命名為「月兔茶」。

南宋官員周去非在廣西桂林見過當地市面上流行的另一款茶：「靜江府修仁縣產茶，土人製為方銙，方二寸許而差厚，有供神仙三字。」桂林修仁縣（今荔浦縣）產茶，當地的磚茶四四方方，邊長兩寸，上面印著「供神仙」三個字。

現在中國大陸有一些茶商正在生產宋茶，可惜他們書讀太少，不懂得「蒸青研膏茶」的真正含義，竟然把宋茶做成烏龍茶、普洱茶、炒青綠茶；同時又不知道宋朝茶磚的真實模樣，結果造出的茶磚千篇一律，全是大如象棋的圓磚，上面沒有花紋，只有文字，而且又都是「大宋貢茶」、「北苑貢茶」、「龍團鳳餅」這樣淺薄的文字。希望他們看了這本書以後，能用心做幾款真正的宋茶出來，使親愛的讀者朋友得以品嘗宋朝的茶香。

註釋

1 《蘇軾詩集》卷九〈月兔茶〉。

焙茶祕笈

「過黃」是對茶磚進行烘焙，和范仲淹〈和章岷從事鬥茶歌〉裡的「焙乳」是同一個意思。茶磚從棬模中取出來，必然是溼漉漉的，含有大量水分，不能長期存放，所以需要用炭火焙乾。

陸羽說：「晴采之，蒸之，搗之，拍之，焙之，穿之，封之，茶之乾矣。」[1]採茶，蒸青，把蒸熟的茶葉搗爛、揉勻，拍成茶餅，烘焙至乾，用錐刀在中間穿孔，用細竹穿成一大串，然後包裝上市……陸羽用非常精煉的語言敘述了唐朝人做茶的全部流程，其中雖然沒有研磨、漂洗的研膏環節，最後仍然少不了烘焙這道工序。可以這樣說，宋茶也好，唐茶也好，現代茶也好，包括元、明、清三代做茶[2]，都少不了烘焙這道工序。

唐人焙茶，方式粗陋。據陸羽《茶經》記載：「鑿地深二尺，闊二尺五寸，長一丈，上作短牆，高二尺，泥之。……貫，削竹為之，長二尺五寸，以貫茶焙之。……以木構於焙上，編木兩層，高一尺，以焙茶也。茶之半乾，升下棚；全乾，升上棚。」在地上挖一小坑，坑邊砌牆，牆上用木頭構成兩層烤箱。焙茶之前，在坑裡燃起一堆炭火，用削尖的竹子把茶餅穿透，挑起來，直接在火上烤。烤到半乾，放進烤箱的下層。烤到全乾，升到烤箱的上層。

宋朝人改進了焙茶工藝。據黃儒《品茶要錄》記載：「夫茶本以芽葉之物就之棬模，既出棬，上笪焙之。用火務令通徹，即以灰覆之，虛其中，以熱火氣。」用柔韌的竹子（而不是木頭）編織成一種名叫「笪」的烤箱，竹子傳熱更快，且有清香，不會把茶磚烤出異味。焙茶用的炭必須是燒透的，上面用一層炭灰覆蓋，只讓熱氣升騰，不讓明火冒出來，以免茶磚外焦裡嫩，烘焙不勻，散發出煙熏火燎的焦炭氣。

但是黃儒又說：「然茶民不喜用實炭，號為冷火，以茶餅新溼，欲速乾以見售，故用火常帶煙焰。煙焰既多，稍失看候，以故熏損茶餅。試時其色昏紅，氣味帶焦者，傷焙之病也。」有些人為了趕工，縮短烘焙時間，好讓茶磚盡快上市，便故意用明火來焙茶。從外面瞧，茶磚好像焙透了，其實裡面還是溼的，要是焙到內外俱乾，又會把外層烤焦。如果您發現調出的茶湯沒有光澤，顏色暗紅，能嘗出煙火味，就說明焙茶時用了明火。

宋朝茶磚很小，但是密度很大，「如臘茶，其聲鏗鏗然。」[3]輕輕敲擊一枚優質的磚茶，是可以聽到金屬聲的。磚茶密度大，好處是「耐藏」，表裡堅實，潮氣難以入侵；壞處是「難焙」，要烘焙很長很長時間，才能將其焙透，可是焙的時間一長，又容易焙出煙熏火燎味。

為了解決這一難題，宋朝皇家茶園採用了一種異常繁瑣的焙茶工藝：先焙後洗，多洗多焙。《北苑別錄》載：「茶之過黃，初入烈火焙之，次沸湯爁之，凡如是者三，而後宿一火，至翌日送煙焙焉。然煙焙之火不欲烈，烈則面炮而色黑；又不欲煙，煙則香盡而味焦，但取其溫溫而已。凡火數之多寡，皆視其銙之厚薄，銙之厚者有十火至於十五火，銙之薄者亦八火至於六火。火數既足，然後過湯上出色，出色之後，當置之密室，急以扇扇之，則色自然光瑩矣。」先用猛火烤乾茶磚表面的水分，再用沸水去除煙熏的異味，如是三次，然後在火堆旁放一夜，第二天送去「煙焙」。所謂煙焙，絕非煙熏，而是使用那種燃燒過半、完全看不見明火和黑煙的白炭來慢慢烘烤。如果炭火猛烈的話，茶磚驟然受熱，表面會鼓起小疙瘩，而且顏色發黑。如果炭還冒煙的話，在煙氣熏蒸之下，茶香盡失，茶味焦苦。所以焙茶須用白炭，溫度不高不低，比體溫稍高就行了。烘焙的次數取決於茶磚的厚度，厚磚烘焙十到十五次，薄磚烘焙六到八次。烘焙次數達到要求以後，再入籠稍蒸，使茶餅恢復本來的色澤。蒸過之後，立即放入放進密不透風的室內，用扇子猛搧，茶餅自然會變得油光可鑑，品相上佳。

鑑於烘焙工藝對製造宋茶是如此重要，所以宋朝人習慣上將製茶的工廠簡稱為「焙」。例如建甌鳳凰山的北苑茶廠被尊稱為「御焙」，又名「龍焙」，一名「正焙」，而北苑周邊的民間茶廠則被稱為「外焙」、「淺焙」、「私焙」。

註釋

1 《茶經》卷上〈三之造〉。

2 元朝開始可能已有炒青茶出現，至明朝初年，炒青完全代替蒸青，現代綠茶實際上奠基於此。

3 南宋王德遠《調燮錄》卷中〈辨茶〉。

宋茶也有假貨

和正焙比，外焙處於下風。

首先，正焙擁有全國最好的茶園——建甌鳳凰山皇家茶園，又擁有全國最適合造茶的水源——龍井。此龍井可不是杭州西湖的龍井茶，而是位於建甌市東峰鎮焙前村的一口淺水井，井水清冽甘甜，彷彿泉水，故此人稱「龍焙泉」，又名「御泉」。

蔡襄《茶錄》云：「茶味主於甘滑，惟北苑鳳凰山連屬諸焙所產者味佳，隔溪諸山雖及時加意製作，色味皆重，莫能及也。」宋茶的最高品質是甘甜柔滑，但只有鳳凰山北苑的茶能達到這個標準，一離開北苑就不行了，附近茶園的茶無論怎樣用心加工，都趕不上北苑茶。

趙汝礪《北苑別錄》云：「嘗謂天下之理未有不相須而成者，有北苑之芽，而後有龍井之水，其深不以丈尺，清而且甘，晝夜酌之而不竭，凡茶自北苑上者皆資焉。亦猶錦之於蜀江，膠之於阿井，詎不信然？」上帝造物的時候一定是成雙成對來製造的，無論什麼東西都能找到它的最佳搭檔。比方說北苑貢茶的最佳搭檔是龍井水，如果沒有龍井水，就無法製造北苑茶，所以人們發現了北苑茶以後，緊接著就發現了龍井水。龍井的水位很淺，距離地表不到一丈，取水方便，既清又甜，一天二十四小時從井中取水研膏，水位也未因此下降，所以北苑貢茶全靠此水加工。北苑茶離不開龍井水，就像四川的蜀錦離不開蜀江，山東的阿膠離不開阿井一樣。

其次，正焙是官焙，是專為皇帝做茶的機構，做茶不計人力和工本，當然能造出最好的茶。每年驚蟄造頭批貢茶，只摘頂芽，剝掉外

北苑龍井遺址，位於福建省建甌市東峰鎮焙前村南側約〇·五公里處

膜，反覆研膏十幾遍，反覆烘焙七、八遍，一畝地的茶園只夠加工一、兩枚棋子一樣的小磚。若讓民間茶人以如此規格做茶，豈不是要人家老命嘛！

外焙不如正焙，外茶不如貢茶，在帝制時代是理所當然，反正貢茶是專供皇家享用的，我們老百姓沒那個福分。可是外焙之茶也有高低貴賤之分，某款茶磚出了名，消費者趨之若鶩，奸商眼見有利可圖，就開始造假了。

建甌有一座壑源山，又名「南山」，在鳳凰山東北方向，距北苑約兩公里[1]，盛產好茶，是外焙中的極品，據說品質僅次於北苑[2]。每當北苑的產量達不到朝廷要求的時候，地方官就會從壑源採購毛茶，做成貢茶，所以壑源茶在消費者心目中的品牌美譽度非常高。在壑源北面不遠處又有一個名叫「沙溪」的地方，茶葉品質距壑源遠甚[3]，價格自然也比壑源茶低得多。

讓我們看看壑源的茶葉有多麼走紅吧：第一聲春雷剛剛響起，別處的茶農剛剛開始背著竹簍上山，壑源的茶農就已經應接不暇了。茶販們挑著擔子、提著箱子來買茶，有的預先付下貨款，有的等不到茶磚出焙就爭相搶購，所以壑源茶總是供不應求。狡猾的壑源茶農偷偷地把沙溪的茶黃放進自家的棬模，冒充壑源茶出售。

很多茶販只聽過壑源茶的大名，不知道真正的壑源茶是什麼樣子，一瞧棬模是壑源的，就以為買到了正品貨。其實從比例上說，茶農每賣掉十斤壑源茶，其中就摻有五斤沙溪茶。當然，沙溪的茶農也不是吃素的，也跟著摻假：他們將松樹的花粉摻進沙溪茶，這樣做出來的茶餅油光可鑑，可以冒充高級茶。

宋徽宗在《大觀茶論》中寫道：「又有貪利之民，購求外焙已采之芽，假以製造；碎已成之餅，易以範模。」奸商將好茶包在外面，把劣茶藏在裡面，重新壓製，真假難辨。連宋徽宗這個高居九重的皇帝都知道這種造假行徑，可見宋茶造假氾濫到了何種地步。

宋朝的奸商與黑心茶農不僅用低級茶冒充高級茶，還往茶葉裡摻一些別的葉子。黃儒《品茶要錄》云：「茶有入他葉者，建人號為入雜。銙列入柿葉，常品入桴檻葉，二葉易致，又滋色澤，園民欺售直而為之。試時無粟紋甘香，盞面浮散，隱如微毛，或星星如纖絮者，入雜之病也。善茶品者，側盞視之，所入之多寡，從可知矣。向日下品有之，近雖銙列，亦或勾使。」建安茶農將早春採摘的茶芽做成高級茶餅，統稱為「銙列」；將晚春採摘的茶葉做成普通茶餅和散茶，統稱為「常品」。做銙列通常摻入柿葉，做常品通常摻入苦丁葉，這兩種葉子既容易獲得，又可以改善成品茶的色澤。我們調製茶湯的時候，如果發現茶湯不甜，泡沫分散，還有絲絲縷縷的絮狀物懸浮其中，就說明中招了，買到了摻假的茶葉。有經驗的品茶師將茶碗傾斜過來觀察一

下，就能鑑別出究竟摻了多少假。過去摻假的通常是普通茶，現在連高級茶都有摻假的，真是世風日下，讓人痛心啊！

註釋

1 《東溪試茶錄》載：「壑源口者，在北苑之東北，南徑數里。」據今人考證，宋之壑源應為今日福建省建甌市東峰鎮福源村。

2 參見《苕溪漁隱叢話》前集卷四六：「北苑，官焙也，漕司歲以入貢茶為上；壑源，私焙也，土人亦入貢茶為次。」

3 參見《苕溪漁隱叢話》前集卷四六：「若沙溪，外焙也，與二焙相去絕遠，自隔一溪，茶為下。」

肆

喝茶有講究

宋茶很奇妙，宋朝人喝茶的方式更奇妙。

第一，他們從來不洗茶。第一泡茶不倒掉，端起茶碗就喝，似乎完全不考慮茶裡可能會有泥沙、汙垢、金屬氧化物和農藥殘留。

第二，他們從來不用蓋碗。當時喝茶的容器不是茶杯，而是茶碗，茶碗有碗托，卻沒有碗蓋，所以宋朝沒有蓋碗茶。

第三，宋朝已經有了礦泉水，專供泡茶的礦泉水，一些講究生活品質的宋朝茶人居然會從千里之外訂購瓶裝出售的惠山泉。

第四，還有一些技藝高超的宋朝男士，你給他一碗茶湯，不加牛奶和咖啡，他竟然可以在茶湯上畫出一幅畫來，寫出一帖字來，就像現代咖啡館裡那些在拿鐵上繪製精美圖案的拉花師。

現在讓我們去宋朝喝喝茶，一探究竟。

從煎茶到點茶

唐朝人將茶葉磨成茶粉，在鍋裡煮成茶湯

本書開場白中已經提到，宋朝人喝茶和唐朝人不一樣：唐朝人煎茶，宋朝人點茶。煎茶是把茶粉放到鍋裡，煮成茶湯[1]；點茶是把茶粉放到碗裡，調成茶湯。

煎茶是唐朝人的喝茶方式，點茶是宋朝人的喝茶方式，但是我們仔細觀察會發現，唐朝其實也有點茶，宋朝其實也有煎茶。

陸羽《茶經．六之飲》：「乃斫，乃熬，乃煬，乃舂，貯於瓶缶之中，以湯沃焉，謂之痷茶。」拿起一塊茶磚，斫開、搗碎，舂成茶粉，放在茶瓶或者茶罐之中，澆入滾水，調成茶湯，這在唐朝叫做「痷茶」。你看，點茶法在唐朝已經現出了一縷曙光。再往前追溯，三國時期可能就有了點茶。中國第一部百科辭典《廣雅》成書於三國時期，據書中記載：「荊巴間採茶作餅，成以米膏出之。若飲，先炙令色赤，搗末置瓷器中，以湯澆覆之，用蔥薑芼之，其

飲醒酒，令人不眠。」在湖北與四川的交界處，人們採摘茶葉，做成茶磚，並在茶磚的外面塗上一層糯米糊2。飲用之前，先把茶磚烤到發紅，搗成細末，放在瓷製的容器當中，澆入滾水，放入蔥薑，像喝粥一樣喝它，有醒酒和提神之功效。很明顯，這是更加古老的點茶法。

從三國到宋朝，點茶法愈來愈成熟，深邃的茶瓶和茶罐被茶碗代替，壓製茶香的食鹽和蔥薑被淘汰出局，烘焙茶磚時的炭火溫度也愈來愈低，煙熏火燎味消失了，喧賓奪主的糯米香消失了，純正的茶香占據上風，點茶法終於成為廣大民眾飲茶方式的主流選擇。

但是在民間，在某些地方，煎茶法仍然有著頑強的生命力。

蘇東坡〈和蔣夔寄茶詩〉云：「清詩兩幅寄千里，紫金百餅費萬錢。……老妻稚子不知愛，一半已入薑鹽煎。」朋友蔣夔不遠千里寄來一百枚小茶磚，蘇東坡還沒開始品嘗，就被老婆和孩子放到鍋裡，加鹽加薑煎成了茶湯。東坡是接受並掌握了點茶法的雅人，是宋朝主流飲茶方式的代表人物，可是他的老婆、孩子仍然堅持煎茶，不懂點茶。

蘇東坡的弟弟蘇轍應該也堅持煎茶，他寫過一首長詩：

年來病懶百不堪，未廢飲食求芳甘。
煎茶舊法出西蜀，水聲火候猶能諳。

相傳煎茶只煎水，茶性仍存偏有味。
君不見閩中茶品天下高，傾身事茶不知勞。
又不見北方俚人茗飲無不有，鹽酪椒漿誇滿口。
我今倦遊思故鄉，不學南方與北方。
銅鐺得火蚯蚓叫，匙腳旋轉秋螢光。3

煎茶的特徵是連水帶茶一起煮，點茶的特徵是只煮水不煮茶，將水燒開，「點」在茶粉之上，以免長時間的高溫破壞茶的真味。蘇轍懂得這個道理，所以他說：「相傳煎茶只煎水，茶性仍存偏有味。」可是身為西蜀子弟，他又懷念故鄉的「煎茶舊法」，故此最後又來了這麼一句：「銅鐺得火蚯蚓叫，匙腳旋轉秋螢光。」用銅鍋燒水，燒得鍋底唧唧作響，待水燒開，把茶粉舀到鍋裡煎煮，一邊煎，一邊用勺子攪動茶湯，使茶粉與沸水均勻融合，在火光的映照下折射出亮閃閃的銀光。

煎茶與點茶，哪種方式更能體現茶的美味？當然是點茶。用南宋評論家胡仔的話說：「止曰煎茶，不知點試之妙，大率皆草茶也。」如果你只知道煎茶，不懂得點茶，很可能是因為你沒有福氣品嘗片茶，只能消費低檔的草茶。

我們知道，片茶是用蒸青碾膏工藝製成的磚茶，草茶是只蒸青而不研膏的散茶，磚茶倒未必一定勝過散茶，但是製茶之時的研膏環節卻能最大程度地降低茶的苦味。散茶不研膏，所以比片茶苦，而為了壓制它的苦味，最好加鹽煎煮，這就是草茶為什麼更適合搭配傳統煎煮方式飲用的關鍵原因。北宋時期生活小冊子《物類相感志》[4]云：「草茶得鹽，不苦而甜。」草茶是很苦的，加了鹽就變甜了。大家如果不信這個小訣竅，可以用日本煎茶試試，看看加鹽以後能否消除一些苦味。為什麼要用日本煎茶來試驗呢？主要是因為日本煎茶和宋朝草茶一樣，都是不研膏的蒸青茶。

註釋

1 「煎茶」一詞在本書中多次出現，有時是唐朝的煎茶，有時是日本的煎茶，其含義並不相同。唐朝的煎茶是一種飲茶方式，指的是將茶粉煮成茶湯；日本的煎茶則是一種蒸青綠茶，像中國人喝炒青茶一樣沖泡飲用。

2 把糯米糊塗抹於茶磚之上，既可以防止潮氣侵入，又可以增添糯米的香味。南宋茶農做低檔臘茶，也喜歡使用糯米糊，以代替成本高昂的麝香、龍腦等名貴香料。

3 詩名〈和子瞻煎茶〉，收錄於《三蘇全書》第十六冊第一五四頁，語文出版社二〇〇一年版。

4 此書是宋人居家生活指南，收錄了生活中的許許多多小訣竅，如怎樣燉肉，怎樣梳頭，怎樣去除衣服汙漬，怎樣辨別香油真假……相傳為蘇東坡所作，一說為僧人贊甯所作。

為什麼要洗茶？

草茶也好，片茶也罷，飲用時都無須洗茶。

現代人喝茶，第一泡一般不喝，浸上幾秒鐘，趕緊倒掉，然後再續水品嘗第二泡、第三泡、第四泡……宋朝人卻剛好相反。南宋王德遠《調燮錄》云：「點試以初巡為美，再飲意味盡矣。」喝茶只喝第一泡，喝到第二泡就沒意思了。

只喝第一泡，居然不洗茶，聽起來宋朝人好像挺不講衛生的，難道他們就不怕茶葉裡殘留農藥嗎？當然不怕，宋朝哪裡有什麼農藥，人家都是純綠色無公害有機茶好不好！泥沙倒可能有一點點，不過不要緊，宋人做茶的時候早就把茶葉上所有的髒東西都漂洗乾淨了。

本書反覆強調，宋茶是蒸青茶，蒸青之前必須漂洗乾淨。特別是片茶，除了蒸青之前的漂洗，蒸青之後還要進入複雜的研膏環節：又是壓榨，又是舂搗，又是揉捏，又是拍打，其中又要不厭其煩地多次漂洗，茶葉早就像童心一樣純淨無瑕，所以宋人喝茶的時候幹嘛要洗茶呢？

給宋朝茶具加官晉爵

宋朝人喝茶的方式和我們不一樣，使用的茶具當然也和我們不一樣。

南宋有一位審安老人為當時常用的所有茶具列了一份清單[1]，共計十餘種，分別是：韋鴻臚、木待制、金法曹、石轉運、羅樞密、宗從事、漆雕祕閣、陶寶文、湯提點、竺副師[2]、司職方、胡員外。

看起來好怪異，全是官銜。「鴻臚」即鴻臚寺卿，相當於外交部禮賓司長；「待制」即殿閣待制，屬於御前顧問，相當於國策顧問；「法曹」是地方法官，相當於法院院長；「轉運」即轉運使，相當於省長；「樞密」即樞密使，相當於國防部長；「從事」是刺史的幕僚，相當於市長祕書；「祕閣」即祕閣修撰，是高級官員的文學加銜；「寶文」即寶文閣大學士，是更高級的文學加銜；「提點」即提點刑獄，相當於警政署長；「副師」是軍中副統帥，相當於副司令；「職方」即職方司郎中，相當於總參謀部參謀。這些官銜前面還有韋、木、金、石、羅、宗、漆雕、陶、湯、竺、司等字，那都是姓。將姓置於官銜之前，明顯是對長官的尊稱，類似於現在稱呼人家「韋司長」、「木顧問」、「金院長」、「石部長」、「湯署長」……

愈說愈怪異了，一堆茶具竟然被加官晉爵，它們究竟是什麼樣的茶具呢？

看看審安老人在後面的解釋就知道了。

「韋鴻臚，不使山谷之英墮於塗炭，子與有力矣，上卿之號，頗著微稱。」原來韋鴻臚韋司長就是一個籠子，烤茶時用的籠子。點茶不是得有茶粉嗎？茶粉不是用茶磚磨出來的嗎？要想把茶磚碾磨成細細的茶粉，首先必須保證茶磚是乾的，沒有一丁點兒潮氣。怎樣才能讓茶磚沒有一丁點兒潮氣呢？烤一烤嘛！為了烤得均勻，為了不讓茶磚直接碰觸到炭火，就得用一個竹籠子把茶磚裝起來烤。那為什麼把這樣一個竹籠子叫做「韋鴻臚」呢？因為諧音——韋鴻臚，圍烘爐也，茶籠圍著熱烘烘的炭爐，故名韋鴻臚。

「木待制，秉性剛直，摧折強梗，使隨方逐圓之徒不能保其身，善則善矣，然非佐以法曹，資之樞密，亦莫能成厥功。」秉性剛直，能摧毀堅硬的茶磚，不過要是沒有法曹和樞密幫助的話，單靠木待制自己的力量是不能把茶磚變成茶粉的。大家猜猜這個木待制是什麼茶具？答案是

木杵。木杵可以把茶磚搗碎，但是不能把茶磚變成茶粉，還需要茶碾和茶羅的幫助。木待制者，木呆子也，木杵像魯莽的人一樣，直來直往地往下衝（舂），豈非木頭呆子？所以這裡還是以諧音和擬人的手法來命名茶具。

「金法曹，柔亦不茹，剛亦不吐，圓機運用，一皆有法，使強梗者不得殊，軌亂轍豈不韙歟！」原理同上，還是諧音，金法曹即金法槽。把搗碎的茶磚放進槽裡，來回碾壓，軟葉滲不進去，硬梗濺不出來，用它能把碎茶碾得更碎，把細末碾得更細。很明顯，金法槽就是茶碾。何謂「法槽」？就是按照宮廷式樣製造的茶碾[3]。金法槽即為仿照宮廷式樣用黃金打造的茶碾。范仲淹〈鬥茶歌〉云：「黃金碾畔綠塵飛，碧玉甌中翠濤起。」這裡的黃金茶碾可不是藝術上的誇張，在宋朝是實有其物的。黃金性質穩定，很難氧化生鏽，用它碾茶，茶裡不會混入金屬物質。

「石轉運，啖嚅英華，周行不怠，雖沒齒無怨言。」這裡說的是茶磨。茶磨用兩層磨扇做成，下層固定不動，上層轉動不休，兩層之間是密密麻麻的磨齒，用強大的摩擦力將茶碾成細細的粉末。天長日久，磨齒漸漸地磨平了，但是人家無怨無悔，從來不抱怨。

簡而言之，韋鴻臚、木待制、金法曹、石轉運、羅樞密、宗從事、漆雕祕閣、陶寶文、湯提點、竺副師、司職方、胡員外，分別是烤茶的籠子、搗茶的木杵、金鑄的茶碾、石雕的茶磨、用絲布和竹片捆紮的茶羅、用棕毛做的茶帚、刷了紅漆的木製茶托、陶瓷的茶碗、燒水和點茶用的提梁鐵壺、竹子做的茶筅、茶事結束時用來擦拭茶具的那塊四四方方的絲布，以及用葫蘆做成的水瓢。

我的天，喝個茶而已，居然需要這麼一大堆稀奇古怪的茶具！可見在宋朝喝茶，絕對不是一件簡簡單單的事。

註釋

1 參見審安老人《茶具圖贊》，商務印書館一九三六年版。

2 明朝喻政輯錄《茶書》，誤將審安老人《茶具圖贊》之「竺副師」刻為「竺副帥」，自此以訛傳訛，流毒於今，如《中國茶文化經典》、《古刻新韻：茶具圖贊（外三種）》等書均寫作「竺副帥」。查宋朝軍制，只有「副師」，無有「副帥」。又據審安老人原文：「首陽餓夫，毅諫於兵沸之時，方今鼎揚湯，能探其沸者幾希，子之清節，獨以身試，非臨難不顧者疇見爾！」審安老人稱讚「竹」制茶筅不畏「沸」水之高溫，獨以身「試」，足證「竺副師」者實為「竹沸試」之諧音，不應寫作「竺副帥」。

3 宋朝物品之前凡加「法」字者，多指宮廷式樣，如「法酒」即用宮廷配方釀造的酒，「法茶」即用宮廷工藝製造的茶。

宋朝常用茶具

韋鴻臚

即焙籠。點茶之前，先將茶磚放入焙籠，烘乾潮氣，然後方可碾磨成粉。也可用茶鉗夾住茶磚，直接在炭火上烘烤。

木待制

即茶杵，可將茶磚搗碎。

金法曹

即茶碾，可將茶磚碾為粉末。

石轉運

即茶磨，可將碾過的茶粉碾得更細，通常用石頭製成。按《宋史．食貨志》記載，北宋朝廷在開封汴河兩岸設有大型水磨若干，供民間磨茶。

羅樞密

即茶羅，可將茶粉篩細。

宗從事

即棕刷，可將碾磨後的茶粉掃進茶羅。

漆雕祕閣

即茶托，墊於茶盞之下。圖中上半部分是茶盞。

陶寶文

即茶盞，通常可盛半斤茶湯，比現代功夫茶中所用茶盞要大得多。圖中茶盞內外均有放射狀條紋，是宋朝最著名的茶盞「兔毫盞」。

湯提點

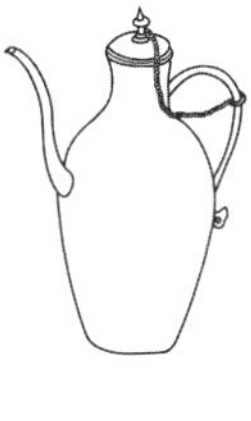

即湯瓶，實為水壺，用於燒水及點茶。

竺副師

即茶筅。從圖中茶筅形制可以看出，宋朝茶筅呈扁平狀，與日本茶道中所用茶筅並不相同。

司職方

即茶布，茶事結束後，用它擦拭茶具。

胡員外

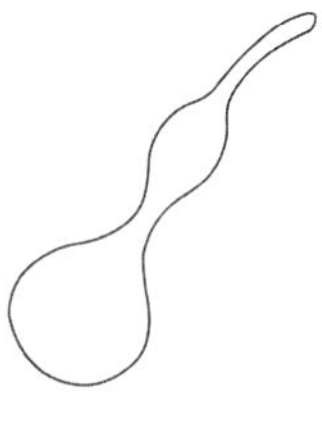

即茶瓢，用來舀水入壺。古人多用葫蘆製瓢：將葫蘆一鋸兩半，挖淨內瓤，晒乾之後，即可得到兩只水瓢。

如何用宋朝茶具喝茶？

審安老人只羅列茶具，沒有講明用法，想明白宋朝人怎麼使用這些茶具，還需要閱讀《茶錄》、《品茶要錄》、《大觀茶論》、《北苑別錄》和《宣和北苑貢茶錄》。本書為了節省廣大讀者的寶貴時間，不再引述大段古文，直接用現代白話轉述給大家聽。

第一步：取一枚小茶磚，先不要撕掉外面包裹的那層紙[1]，放到石臼中，用木杵輕輕搗碎。

第二步：撕開紙裹，將碎了的茶磚傾入茶碾，來回推動碾輪。如果茶碾不是黃金打造，而是用熟鐵或青石打造，則推動碾輪時一定要快速而有力，以免碾輪和碾槽裡的氧化物汙染茶粉。

第三步：一手托起茶碾，另一隻手拿起棕樹皮做的刷子，把碾槽裡的碎茶掃進茶磨的磨孔，然後一圈一圈地旋轉茶磨，直到把碎茶磨成茶粉。

本書作者使用的茶磨

第四步：揭開上面那層磨扇，放到一邊，再用棕刷把茶粉掃出來，掃到茶羅上，再把茶羅放在茶碗上。

第五步：兩手托起茶碗，用拇指夾緊茶羅，輕輕晃動茶羅與茶碗，把最細的茶粉篩入碗底。

第六步：用帶有提梁、腹大嘴長的鐵壺、金壺或者長嘴小銅壺燒開一壺水，靜置片刻，待水溫降到大約九十度左右，將壺嘴對準碗底，澆少許熱水在茶粉上，用茶筅攪拌均勻，攪成濃稠的茶糊。

第七步：往茶碗裡續水，一邊續水，一邊用茶筅攪動。續水的速度應先慢後快，攪動的力度應先輕後重，熟練地運用腕力和指力，往同一個方向旋轉著攪，一邊攪，一邊上下敲擊，使茶粉與熱水迅速而均勻地融為一體，泛出一層乳白的、濃厚的、經久不散的茶沫。

第八步：把茶碗放在紅漆木托之上，端起來，趁熱飲用，把碗裡的茶湯喝完。如果發現碗底還殘留著一些茶粉，請再次續水，再次攪動，喝第二巡，也就是第二泡。

最後一步：洗刷茶碗和茶筅，用絲布擦拭乾淨。

註釋

1 宋朝片茶通常用白色的紙囊包裹，但是也有人提倡用錫箔裹茶，反對用紙，如南宋周煇認為「貼以紙，則茶味易損」。明朝茶人許次紓亦言：「茶性畏紙，紙於水中成之，水氣內藏，用紙裹茶，茶易受潮。雁蕩諸茶，首坐此病，以其每以紙貼寄遠，安得復佳？」

紫砂壺滾遠點

在盛裝清水的兔毫盞中，可以看到美麗的紋路

目光如炬的讀者朋友想必已經注意到了，剛才介紹宋朝茶具，竟然沒提到紫砂壺！

現代人特別痴迷紫砂茶具，據說是因為紫砂壺透氣性能和手感都特別好，質地溫厚，顏色古樸，讓人瞧著喜歡。玩紫砂壺的朋友還喜歡「養壺」，例如在飲茶之時得了強迫症似地不停用養壺筆擦拭壺身，或用紫砂壺泡過茶後，刻意留一點茶葉渣，第二天再倒掉。時間長了，茶香滲入壺身，沖一壺開水進去，即使不放茶葉，也能泡出濃濃的茶香。

我對紫砂壺一向不感興趣，對養壺之舉更是嗤之以鼻。您想啊，用隔夜茶養壺，紫砂壺的毛孔裡都滲滿了變質的茶湯，完全不衛生嘛！還會影響下一道茶的味道。

當然，我也就是在這書裡發發牢騷，從來不敢當面對痴迷紫砂的朋友講這些話，因為怕挨揍。不過我覺得自己在宋朝可以找到知音，因為宋朝士大夫和我一樣拒絕使用紫砂茶具。

宋朝人用的茶碗主要是瓷碗（宋人詩詞中有用玉碗點茶的描寫，但那只是藝術誇張），當時公認最適合點茶的瓷碗是福建產的建窯兔毫盞，沒有人使用紫砂碗。宋朝人用的茶壺主要用金屬鑄造，而且只用來燒水，不能直接在壺裡泡茶。至於那些搗茶、碾茶、磨茶、篩茶的茶具，或木或石，或金或鐵，更不可能與紫砂扯上關係。

宋朝瓷器燒造工藝空前發達，宋瓷在當時已是享譽世界，但是正如拙著《吃一場有趣的宋朝飯局》所描述的那樣，宋朝人並不把瓷器視為貴重物品或高雅用具，士大夫與富裕市民吃飯喝酒時寧可用金銀器皿、玻璃器皿和紅漆木器，也不願意用瓷器招待貴重客人。唯獨在喝茶的時候，他們不得不用瓷碗點茶，因為瓷碗耐高溫，且無異味。

宋人不提倡使用那種薄如紙、明如鏡的青瓷碗點茶，他們偏愛那種胎厚釉深的茶碗。宋徽宗說過：「茶色白，宜黑盞，建安所造者紺黑，紋如兔毫，其坯微厚，熁之久熱難冷，最為要用。出他處者，或薄，或色紫，皆不及也。其青白盞，鬥試家自不用。」好的茶湯都是潔白鮮亮的，為了突出茶湯的潔白，我們應該選用黑色的茶碗。

宋朝最好的茶碗出自建窯，人稱「建盞」，這種茶碗釉色青黑，內壁呈現出放射狀的細密條

紋，狀如兔子的毛髮，看起來非常美麗。建盞的坯胎較厚，烤熱以後能長時間保溫，最適合點茶。其他地方燒造的茶碗要麼太薄，要麼釉色偏紫，都比不上建盞。宋朝市面上還有青色和白色的茶碗，懂得喝茶的人是不會選用的。

茶碗是很重要，不過宋朝瓷器價格低廉，買茶碗的成本在整套茶具當中幾乎可以忽略不計，真正要花錢的茶具還是茶碾和茶磨這些笨重傢伙。

南宋時，湖南長沙出產精美茶具，除了茶碗、茶筅與茶布，其他全用純銀鑄造，「每副用白金三百星或五百星。」[1]「工直之厚，等所用白金之數。」[2]一套茶具要消耗三百兩到五百兩白銀，另外還要加上同樣數量的工價。也就是說，購買一套精美茶具，竟然要花六百兩到一千兩銀子。

和今天相比，宋朝銀貴金賤[3]，南宋中葉一兩銀子可以兌換銅錢千文以上，其購買力相當於現今新臺幣二千五百元。

換算之後可以得知，當時一套精美茶具的價格竟然在一百五十萬元到二百五十萬元之間！我們不要急著罵宋朝人騷包，因為陝西寶雞法門寺地宮出土過一套唐朝茶具，從烤茶的籠子、碾茶的茶碾，到燒水的風爐、投茶的茶匙，全部用黃金加白銀打造，比純用白銀的南宋長沙茶具更名貴、更不惜工本喔！

註釋

1 周密《癸辛雜識》前集〈長沙茶具〉。

2 周煇《清波雜誌》卷四〈茶器〉。

3 中國歷史上，黃金與白銀比價呈上升趨勢，即黃金愈來愈貴，白銀愈來愈賤，宋朝時金銀比價大約是一比十四，即十四兩銀子就可以兌換一兩黃金。

宋朝的瓶裝礦泉水

常識告訴我們：愈是名貴的物品，愈不注重實用價值。譬如你們家裝修房子，買了一個二十萬元的馬桶，請問這個馬桶有什麼用？難道可以用來做飯嗎？當然不能。只不過親戚朋友到家裡做客的時候，可以用來炫耀一番罷了。

一套售價上百萬元的茶具同樣如此，它不可能將草茶點出片茶的味道，更不可能把茶粉泡出咖啡的味道，把這樣一套純銀茶具擺到家裡，甚至不捨得使用，除了顯擺口袋深度和證明低俗的生活品味之外，還有什麼用處呢？用南宋周煇的話說：「士夫家多有之，置几案間，但知以侈靡相誇，初不常用也。」士大夫買到名貴茶具，無非是放在家裡擺闊，很少有人用它喝茶。

周煇的話中有一個亮點：「士夫家多有之。」像那種動輒一、兩百萬一套的茶具，竟然很多士大夫家都有，這說明什麼？一是說明宋朝士大夫有錢，二是說明他們把喝茶這件事看得很重要。

宋朝士大夫除了願意在茶具上砸錢，還會不怕麻煩、不惜工本地訂購點茶用的礦泉水。南宋王德遠《調燮錄》載：「水之宜茶者，以惠山石泉為第一，故士夫多使人往致之，市肆間亦以砂瓶盛貯售利者。」天下最適合點茶的水是產自江蘇無錫的惠山泉，所以宋朝士大夫常常派遣僕人不遠千里去惠山取水，再運回來點茶。因為有這種需求，所以市面上也有商販出售惠山泉，用砂瓶裝起來，賣給講究生活品質的風雅之士。

歐陽修〈大明水記〉云：「水味有美惡而已，欲求天下之水一一而次第之者，妄說也。」各地水質雖然不同，但都有甜有苦、有清有濁，無論哪個地方都有好水，無論哪個地方都有劣水，如果純以地域論英雄，說某地之水天下第一，某地之水倒數第一，那叫胡扯。但是歐陽修晚年在安徽阜陽隱居時，曾託門生從江蘇無錫捎回惠山泉，可見他老人家也追趕過潮流。還有一回，他請大書法家蔡襄給他寫了一幅字，事後付給蔡襄「鼠鬚栗尾筆、銅綠筆格、大小龍茶、惠山泉等物為潤筆」[1]，說明惠山泉在他心目中可與古董、名茶並駕齊驅，絕對是拿得出手的好水。

宋朝還有一種比惠山泉還要適合點茶的水：竹瀝水。據北宋筆記《江鄰幾雜誌》記載，我的開封老鄉蘇舜欽和蔡襄比賽誰點的茶更好喝，蔡襄用的是高級茶，蘇舜欽用的是普通茶，最後卻

是蘇舜欽贏了。為什麼呢？因為蔡襄用的是惠山泉，而蘇舜欽用的是竹瀝水。

竹瀝水是產自天臺山的泉水。將打通關節的竹子連接起來，做成一個長長的管道，將天臺山上的泉水引到山下，用大缸盛起來，沉澱一夜，再分裝到砂瓶裡面，封口，貼上標籤，運往全國各地出售，此即竹瀝水。

市間出售的惠山泉、天臺山上的竹瀝水，都用砂瓶封裝，聽起來很像現在的瓶裝礦泉水。但是宋朝的水質淨化和密封包裝技術畢竟處於非常原始的階段，瓶裝泉水在長途運輸和層層分銷的過程中會慢慢變質。為了解決這一問題，宋朝茶人在買到瓶裝水以後還要再處理一下。怎麼處理呢？「用細沙淋過，則如新汲時。」[2]把瓶中已經變質的泉水倒出來，倒入一個乾淨的容器裡，撒入細沙，使其沉澱，澄清後就沒有異味了，和新汲的泉水一樣。其中原理並不複雜：沙子顆粒小，表面積相對大，帶有大量的自由電子，而水中也有很多帶電的雜質顆粒，所以沙子的電子就會和雜質的電子正負相吸，聚成一團，然後慢慢沉澱下來，於是變質的泉水就煥然一新了。

註釋

1 歐陽修《歸田錄》卷二。

2 《清波雜誌》卷四〈拆洗惠山泉〉。

茶人的品格在於茶沫

宋徽宗《大觀茶論》：「茗有浡，飲之宜人，雖多不為過也。」什麼意思呢？就是說好的茶湯能產生一層厚厚的泡沫，喝下去對身體有好處，即使喝得很多，也有益而無害。

我們知道茶能健胃，也能傷胃；能提神，也能醉人；能造血，也能讓人貧血；能固齒，也能增加骨折的風險。總而言之，喝茶有利也有弊，喝得適量則有利，喝得過多則有弊。可是宋徽宗卻說茶湯表面那層厚沫可以多喝，喝多少都沒事，他的話有沒有科學道理呢？

我把這個問題發布在問答網站上，向各路高手請教，結果回應者寥寥，還有朋友留言反問道：「茶湯怎麼會有泡沫？你以為是喝啤酒啊！」

啤酒有泡沫，茶湯沒泡沫，這是現代人的常識。泡一壺龍井，雲淡風輕，茶葉載沉載浮，茶湯波瀾不興，往茶杯裡一倒，清澈見底，絕對沒有泡沫。如果有，只能說明茶

杯沒刷洗乾淨，或者泡茶用的水受了汙染。

但是宋人喝的茶和我們喝的茶頗有不同，那時候的茶確實有泡沫，而且那時候的茶人還特意追求泡沫——茶湯表面如果不湧出一層泡沫，就說明茶藝不過關。曾鞏的弟弟曾布在翰林院上班，朋友前來拜訪，他親手調製茶湯，朋友一瞧，茶碗裡一點兒泡沫都沒有，就諷刺他：「爾為翰林司，何不解點茶？」[1]你老兄身為翰林學士，怎麼連一碗茶湯都弄不好呢？一句話讓曾布臊成了個大紅臉。

蘇東坡的弟弟蘇轍就比曾布強多了。此人晚年在豫南定居，「獨坐南齋久，忘家似出家。香煙穠作穗，茶面結成花。」（蘇轍〈南齋獨坐〉）他燃的香久久不散，縷縷香煙在半空中纏繞成稻穗一般的造型；他泡的茶濃淡適中，茶湯堆起厚厚的泡沫，泡沫上還能泛出漂亮的花紋。

在宋朝茶人的心目中，茶湯上面那層泡沫是如此重要，以至於很多人都在詩詞裡讚美它。如北宋大臣丁謂〈詠茶〉：「萌芽先社雨，采掇帶春冰。碾細香塵起，烹新玉乳凝。」將初春萌發的茶芽製成小茶磚，放在茶碾中碾成細細的茶粉，再放入茶碗用熱水沖點，點出的茶湯宛如打了泡的奶茶，凝起一層雪白的泡沫。再如梅堯臣〈茶灶〉：「山寺碧溪頭，幽人綠岩畔。夜火竹聲乾，春甌茗花亂。」這首詩裡的「茗花」指的自然也是茶沫。蘇東坡的老朋友、那位以怕老婆而聞名於世的陳季常也描寫過茶沫：「茗甌對客乳花濃，靜聽揮犀發異同。度臘迎春如此過，不知人世有王公。」新年即將到來，客人登門拜訪，陳季常烹茶相待，主賓對飲，一邊談天說地，一邊開心地欣賞著茶碗裡的泡沫，感覺非常幸福。

想讓茶湯泛出泡沫並不難，如果想讓茶沫湧泛得足夠厚、停留時間足夠長，那就難了，而宋朝士大夫鬥茶，所鬥的偏偏正是茶沫的厚度和存續時間。宋人常講「雲頭雨腳」，雲頭即指乳白色的茶沫，雨腳即指茶沫下面的茶湯，雲頭要厚，要把雨腳完全遮蓋起來，還不能只遮蓋那麼兩、三秒鐘。

怎樣才能讓雲頭夠厚、存續時間夠長呢？首先茶要好，必須是貨真價實的蒸青研膏茶[2]；其次茶碗要厚，底要深，口要小，便於保溫（茶湯溫度下降過快會讓茶沫迅速消散）；然後水溫要合適，根據我的經驗，水溫低於八十度或者超過九十五度都難以形成茶沫；最後必須要借助合適的工具，例如茶筅。

見識過日本抹茶的朋友肯定都見過茶筅，竹子製成，外觀像打蛋器。但宋朝人所用的茶筅卻是扁的、薄薄的、更像散開的掃帚，比日本茶筅更輕便，擊打茶湯的速度也更快。如果沒有茶筅，我們不妨借用打奶泡器，將調勻的小半碗茶湯放在打奶泡器的噴嘴下面，開動機器，邊打邊

加熱，一樣能打出厚厚的茶沫。

有的朋友可能會問：費這麼大勁為茶湯打泡沫究竟有什麼用呢？我覺得很有用，因為茶沫不僅僅好看，還很好喝：茶裡溶入大量的空氣分子，口感會很輕、很軟、很柔和，輕柔的茶沫停留在舌尖上，非常鮮爽。至於它相對普通茶湯而言，是否真的更加有益健康，喝多了是否真的完全無害，那就需要專家來研究鑑定了。

註釋

1 高晦叟《珍席放談》卷下。

2 只要水溫適度、手法得當，用烏龍茶粉、普洱茶粉和抹茶粉也能打出泡沫，但是茶沫偏薄、存續時間偏短。

在茶上寫詩作畫

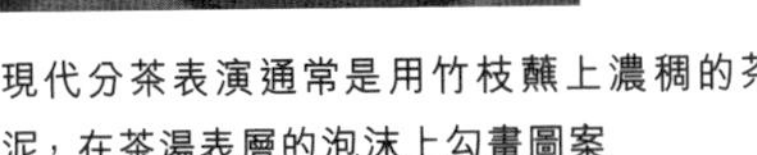

現代分茶表演通常是用竹枝蘸上濃稠的茶泥，在茶湯表層的泡沫上勾畫圖案

現代有些拉花大師可以在拿鐵咖啡以及抹茶拿鐵上作畫，宋朝茶人也有這個本事。

宋初大臣陶穀在《清異錄》中寫道：「茶至唐始盛，近世有下湯運匕，別施妙訣，使湯紋水脈成物象者，禽獸蟲魚花草之屬，纖細如畫，但須臾即散滅，此茶之變也，時人謂之茶百戲。」喝茶的風氣是在唐朝興盛起來，在茶湯上作畫的技藝卻出現於「近世」，也就是五代十國和北宋初年。這是一門非常神奇的技藝，表演者一手下湯（往茶碗裡注入熱水），一手運匕（用尖頭的茶匙迅疾而巧妙地攪拌茶湯），茶湯表面很快浮現出一個個栩栩如生的圖案，或如飛禽，或如走獸，或像昆蟲，或為花草，就像用畫筆勾勒出來的素描。隨著茶湯不斷注入，同時也隨著手法不斷改變，上一個圖案消失了，下一個圖案又冒出來了，旋生旋滅，不即不離，猶如佛陀眼中的大千世界。

在宋朝，這門技藝稱為「茶百戲」，也稱為「分茶」。

南宋地理學家周去非說：「雷州鐵工甚巧，製茶碾、湯甌、湯櫃之屬，皆若鑄就，餘以比之建寧所出，不能相上下也。夫建寧名茶所出，俗亦雅尚，無不善分茶者。」[1]廣東雷州的鐵匠善做茶具，打造的鐵茶碾、鐵茶壺和鐵茶櫃極其精巧，渾然一體，就像用現成模具鑄造而成。雷州人喜歡喝福建出產的建安茶，並能用建安茶表演分茶，幾乎沒有人不會這門技藝。當時雷州尚未開發，屬蠻荒之地，連這種地方都「無不善分茶者」，足證分茶在南宋已經到了非常普及的地步。

現代拉花師在咖啡和抹茶上拉花，主要依靠的是牛奶：將牛奶打成奶泡，與咖啡或抹茶混合，由於兩種液體的密度不同，顏色也不同，所以才能讓奶泡有規律地浮現在上面，從而形成漂亮的圖案。宋朝人純用茶湯這一種液體，怎麼可能弄出圖案來呢？方法有兩種。

第一種，把茶湯點得特別稠，像稠粥一樣，然後用一根頂端略有突起的細竹棍兒蘸著更為濃稠的茶糊在茶湯的表面輕輕勾畫。這種方法比較簡單，相對容易掌握，勾畫出來的圖案又能保持較長時間，便於讓推廣宋茶的現代茶商向媒體和顧客展示。但是請注意，這個方法並不入流，放在宋朝是會受人恥笑的。第二種，先點出半碗茶湯，不要點那麼稠，但是一定要點出厚厚的泡沫，然後注入細細的水流，一邊注水，一邊有規律地傾斜和轉動茶碗，此時就會有青黑的圖案從碗底冒出來……這才是正宗的宋朝分茶。和前一個方法相比，這個方法要難得多，必須靠不斷摸索和艱苦練習才能掌握其基本要領。

茶湯之所以能在水流的衝擊下形成圖案，和其成分有很大關係。現在大家已經知道，宋茶是蒸青研膏茶（此處特指片茶，不包括草茶），在研膏的時候，茶多酚大量流失，同時又有少量的茶油稀釋並附著於茶上。這使得宋茶接近於牛奶，更容易打出鬆軟的泡沫，也使茶湯更容易分層：表層是雪花一般的泡沫，底下是含有油脂的茶湯，在巧妙的水力衝擊下，泡沫有規則地分開，而油脂則絲絲縷縷地浮出水面，自然會形成黑白分明的美妙圖案。

南宋詩人楊萬里〈澹庵坐上觀顯上人分茶〉描寫了正宗的分茶表演是什麼樣子：

分茶何似煎茶好，煎茶不似分茶巧。
蒸水老禪弄泉手，隆興元春新玉爪。
二者相遭兔甌面，怪怪奇奇真善幻。
紛如擘絮行太空，影落寒江能萬變。
銀瓶首下仍尻高，注湯作字勢嫖姚。
不須更師屋漏法，只問此瓶當響答。

「顯上人」是一位僧人，擅長分茶，他把極細的茶粉放入福建特產的兔毫盞，用銀壺煮水，煮沸以後注入茶盞，一邊注水，一邊用宋孝宗隆興元年（西元一一六三年）剛剛出廠的竹製茶筅快速攪動，把茶粉點成起泡的茶湯，然後開始分茶了，只見他一手提著銀壺，一手端著茶盞，銀壺的壺嘴向下傾，銀壺的屁股向上翹，壺裡的熱水像細線一樣注入茶湯。他一邊注水，一邊很有技巧地變換著注水的力度和茶盞的傾斜度，使茶湯表面迅速形成千奇百怪的畫面，有時日月經天，有時寒江倒影，有時形成一組很有氣勢的文字，彼此劍拔弩張，就像當年的嫖姚將軍霍去病在衝鋒陷陣……

坦白說，熱愛宋茶如我，學分茶學了好長時間，但是時至今日也不可能像楊萬里詩中那位「顯上人」一樣，竟能如此精采地分茶。對於宋朝茶人，我真是不得不獻上自己的膝蓋啊！

註釋

1 《嶺外代答》卷六〈器用門．茶具〉。

伍

宋茶的源流和演化

品嘗過真正的宋茶以後，下面讓我們再閒聊幾句。

聊什麼呢？例如茶的源頭在哪裡？中國茶最初為什麼只有蒸青沒有炒青？炒青是從什麼時候開始流行的？宋茶是從什麼時候突然消亡的？為什麼會消亡呢？當宋茶走紅的時候，對周邊國家又構成了什麼樣的影響呢？

來，我們一起翻開茶的歷史。

中國人從什麼時候開始喝茶？

中國是茶的源頭，這顆星球上瀰漫的茶香是從中國飄散出去的。茶的日語讀【cha】，韓語讀【cha】，葡萄語讀【chá】，俄語讀【chay】，英語讀【tea】，芬蘭語讀【tee】，德語讀【tee】……全世界很多語言當中，茶的發音都來自中國，來自中國北方人和南方人對茶的不同讀音。問題是，中國人從什麼時候開始喝茶的呢？

陸羽說：「茶之為飲，發乎神農氏，聞於魯周公。」[1]我們的遠祖神農氏遍嘗百草，發現了茶；西周時期周公制定《周禮》，又把茶寫進了書籍。可惜，神農氏是近乎神話一般的人物，無法確證，而那本託名周公所定的《周禮》，其實是戰國儒生對儒家社會的烏托邦式設想。

另一位唐朝人裴汶[2]說：「茶，起於晉，盛於今朝。……人嗜之若此者，西晉以前無聞焉。」[3]中國人從晉朝開始飲茶，至唐朝進入興盛期，西晉以前就沒見過愛好飲茶的人。

陸羽過度拉長茶的歷史當然不對，裴汶把茶的源頭鎖定在西晉也未必可靠。早在西漢時期，一個名叫王褒的人就留下一篇〈僮約〉，這篇文章敘述他替某個寡婦管教不聽話的奴僕，讓奴僕忙東忙西，既要「武陽買茶」，又要「烹茶盡具」。「荼」有兩種含義，有時指茶，有時指苦菜。單看「武陽買荼」，我們還不能確定是茶還是苦菜，但是加上「烹荼盡具」這四個字，基本上就可以排除苦菜，確定為茶了。王褒的意思是說，他要讓奴僕去武陽買茶，回來再用完善的茶具把茶烹煮成湯[4]。如果我們的理解符合事實，那麼中國人喝茶的源頭至少可以追溯到西漢。

一九九八年，中國考古學家勘探漢景帝的漢陽陵，在陪葬坑中發現一批既像茶具又像酒具的容器，以及一些樹葉狀的東西。十年後，那些樹葉狀物質被送進中國科學院分析研究，被鑑定為茶葉，而且是小葉種茶樹的嫩芽。如果那些古老的茶葉不是偶爾飄落在墓坑之中，而是有意做為陪葬品放進墓坑，如果墓坑中的容器是茶具而非酒具，那麼我們可以理直氣壯地確信漢朝已有飲茶之風。

但是請注意，無論是王褒的〈僮約〉，還是漢景帝的陪葬，都不屬於確鑿無疑的證據。所以到目前為止，飲茶源於漢朝之說仍然只是一個假說。

某些學者喜歡透過提高歷史來抬高民族自豪感，將神話傳說當作歷史事實，將《詩經》和

《華陽國志》裡的苦菜解釋為茶葉，然後得出「中國人喝茶的歷史長達四、五千年」之類的結論。我覺得這種做法特別危險，因為這推論不夠嚴謹，會讓人覺得中國人不虛心，太愛吹牛皮。

目前能被學界普遍認可的結論是：至少從三國、兩晉、南北朝開始，中國已有喝茶的風氣。這個結論是最能被現有文獻和考古成果支持的保守結論，所以也是最可靠的結論。

註釋

1 《茶經》卷下〈六之飲〉。

2 裴汶，晚唐宰相，嗜好飲茶，是繼陸羽之後的茶文化大家。

3 裴汶《茶述》。

4 中國茶葉博物館周文棠先生近有新論，認為「武陽買茶」應為「武都買茶」，即去四川綿竹縣北的武都山採購一種俗稱「堇堇菜」的苦菜，而「烹茶盡具」的意思則是將苦菜煮成菜羹。周先生此論頗有新意，特附於此，以備讀者朋友查考。

蒸青何時變成炒青？

唐茶是蒸青茶，宋茶是蒸青研膏茶，宋茶是對唐茶的革新（增加了研膏環節），也是對唐茶的繼承（延續了蒸青工藝）。唐朝人做茶為什麼不炒青呢？我覺得應該和烹飪方式有關。

眾所周知，唐朝烹飪主要採用蒸煮的方式，把飯蒸熟，把菜煮熟。換句話說，這時候的中國人還不太習慣煎炒，所以給茶葉殺青時，只能想到蒸青，而想不到炒青。

進入宋朝，隨著植物油壓榨工藝的迅猛發展，油脂價格下降，煎炒成為主流，當大家都習慣於使用翻炒方式來料理食物時，蒸青應該向炒青演化。可是宋朝茶界為什麼沒有出現這樣的演化呢？原因無他：路徑依賴而已——既然唐朝人已經把蒸青茶做得那麼成熟了，宋朝人只需要在此基礎上向前發展就行，不需要扔掉蒸青另起爐灶。

同樣道理，當日本人從唐、宋兩朝學會做茶後，也跟著走蒸青的老路。當然，現代日本不是沒有炒青茶，但是占主流的仍然是蒸青茶，還是路徑依賴的例證。

從現有文獻來看，元朝時也許已經出現了炒青茶。元朝史學家馬端臨說：「茗有片有散，片者即龍團舊法，散者則不蒸而乾之，如今之茶也。」[1]茶有磚茶和散茶之分，磚茶延續了宋茶的老傳統，像大宋貢茶中的「大龍團」和「小龍團」那樣，經過蒸青與研膏，製成漂亮的小茶磚；散茶則不再蒸青，改用晒青或者炒青的方式，這就是元朝的散茶。

元朝時仍以蒸青茶為主流，到了明朝初年，朱元璋一紙令下，把蒸青徹底改成了炒青。《明史．食貨志》記載：「其上供茶，天下貢額四千有奇，福建建寧所貢最為上品，有探春、先春、次春、紫筍及薦新等號。舊皆采而碾之，壓以銀板，為大小龍團。太祖以其勞民，罷造，惟令採茶芽以進，復上供戶五百家。」[2]朱元璋發現傳統貢茶的製造工序過於繁雜，又是蒸青，又是研膏，又是入模，又是烘焙，為了減輕人民負擔，他要求貢茶全部改成炒青的散茶。

中國茶葉史上，朱元璋這項改革被稱為「廢蒸改炒」、「廢團改散」，即廢除蒸青，推廣炒青，廢除磚茶，推廣散茶。

朱元璋的兒子朱權是研究茶文化的名家，他非常贊同老爸的改革：「至仁宗時，而立龍團、

鳳團、月團之名，碾以為膏，雜以諸香，不無奪其真味。天地生物，各遂其性，莫若本朝茶葉，烹而啜之，以遂其自然之性也。」[3]宋朝貢茶名目繁多，工藝複雜，蒸青研膏，摻香調味，結果把茶的精華給弄丟了，反而喝不到茶的真味，而明朝對茶法進行簡化，炒青散茶，沖泡飲用，既省工省時，又能保留茶的「自然之性」。

僅僅依靠朱元璋的一道聖旨和他兒子朱權的宣傳、宣導，未必能讓蒸青在全國範圍內突然消失，但是在朱元璋死後大約二百年，中國真的看不到蒸青茶了，也看不到宋朝那種調膏注湯的點茶之道了。萬曆年間的學者謝肇淛寫道：「古人造茶，多舂令細末而蒸之[4]，……至宋始用碾。揉而焙之，則自本朝始也。」[5]宋朝以前舂茶，宋朝流行碾茶，明朝則流行「揉而焙之」的炒青茶。另一位明朝學者許次紓說得更加明確：「古人製茶，雜以香藥，北宋所進建茶第一綱，一銙之直，至四十萬錢，僅供數盂之啜，何其貴也！然茶芽先以水浸，已失真味，又和以名香，益奪其香，不若近時製法，旋摘旋焙，香色俱全，尤蘊真味。」[6]古代人做茶，喜歡摻香料，北宋建安貢茶亦然，一枚小茶磚價值四十萬文，只能點成幾碗茶湯，真是貴得離譜啊！做這種茶需要用水研膏，已經破壞了茶之精華，又摻雜香料，茶香哪裡還有剩餘呢？所以宋朝人應該向明朝人學習炒青散茶，隨摘隨炒，香色俱全，天然去雕飾，茶香無損失。

不過我們也不必盲從明朝人的見解。炒青與蒸青，點茶與泡茶，孰優孰劣，並無單一的評判標準。炒青散茶成本低，便於沖泡，省工省時，茶多酚流失少，但是茶味偏苦；蒸青研膏茶成本高，點茶之時又要烤茶、舂搗、碾磨、調湯，遠遠比不上沖泡飲茶的方便快捷，可是茶味偏甜。更為重要的是，正是因為宋茶飲用比較麻煩，所以我們在飲茶之時才能充分體驗到傳統手工時代的工匠精神和ＤＩＹ樂趣。

註釋

1 轉引自明朝謝肇淛《五雜俎》卷十一。
2 《明史》卷八十〈食貨四．茶法〉。
3 朱權《茶譜．序》，中華書局二〇一二年版，與田藝蘅《煮泉小品》合刊。
4 其實宋茶與唐茶均是先「蒸之」，飲用之時才「舂令細末」，謝肇淛沒見過蒸青茶，把順序弄顛倒了。
5 《五雜俎》卷十一。
6 許次紓《茶疏．今古制法》。

宋茶對日本的影響

日本人學喝茶，不算太晚。西元八一五年，入唐求法的日本和尚永忠大師將來自大唐的茶法和茶粉獻給嵯峨天皇，從此揭開了中國茶東傳日本的序幕。

繼永忠大師以後，日本又有大批求法僧入唐，正是在這一時期，日本國內開始種植茶樹，飲茶之風在上層社會傳播開來。但是到了平安時代中葉（西元十世紀），隨著「國風文化」[1]的興起，茶在日本竟然消失了，幾乎沒有人再喝茶。

到了南宋，另一位日本和尚榮西大師兩次來到中國，在中國學習佛法的同時，也學習了大宋茶道。後來榮西歸國，帶回茶種、茶粉、茶具，教人種茶、做茶、飲茶，並在晚年撰寫了一本淺顯易懂的茶文化入門手冊：《吃茶養生記》。在他的推廣下，茶文化終於在日本紮根生長。

我在日本早稻田大學圖書館拜讀過榮西大師的《吃茶養生記》，榮西開篇就猛誇茶的妙用：「茶，養生之仙藥也，延齡之妙術也。山谷生之，其地神靈也。人倫采之，其人長命也。天竺、唐土同貴重之，我朝日本曾嗜愛也。古今奇特仙藥也，不可不摘乎！」茶是保全身體的靈丹，是延長壽命的妙藥，產茶之地有神靈護持，採茶之人可益壽延年，印度與中國都看重飲茶，我們日本也曾經看重，像茶這樣奇特的仙藥，我們怎能不採摘呢？怎能不飲用呢？怎能讓它白白浪費呢？

榮西還寫道：「肝臟好酸味，肺臟好辛味，心臟好苦味，脾臟好甘味，腎臟好鹹味，……日本國不食苦味，而大國獨吃茶，故心臟無病，亦長命也。我國多有病瘦人，是不吃茶之所致也。……頻吃茶，則氣力強盛也。」吃酸對肝有益，吃辣對肺有益，吃苦對心有益，吃甜對脾有益，吃鹹對腎有益，酸甜苦辣鹹，五味不可缺。中國人愛吃茶，茶是苦的，所以中國人的心臟健康，壽命很長；日本人不喜歡苦味，所以心臟不好，壽命偏短。為了健康考慮，榮西建議日本人多吃茶。

榮西曾向鎌倉幕府的首任征夷大將軍源賴朝獻茶，源賴朝正鬧病，喝了榮西的茶，居然痊癒了，於是他對榮西的吃茶養生妙論佩服得五體投地，從此與茶結下不解之緣。

平心而論，榮西過度誇大了茶的養生功效。在茶的故鄉中國，茶只是一種口味獨特的飲料，對治病並無多大效用。宋朝士大夫只是覺得喝茶可以「除煩去膩」，可讓「齒性堅密」（蘇東坡

語），提神護齒，如此而已，要說保護心臟，益壽延年，宋朝人還真沒有這樣宣揚過。但是榮西的誇大宣傳以及向源賴朝獻茶時的誤打誤撞，對茶在日本的傳播卻產生了強大的推動作用，此後不到一百年，茶風從寺院走向世俗，從上層社會走向普通百姓，很快在日本得到了普及。

日本人擅長學習，但並非照搬，宋茶進入日本，立即被改頭換面：研膏工藝被廢除了，蒸青與點茶卻延續下來，結果發展成為現在的「抹茶道」。後來日本人又從明朝學會了沖泡飲茶，他們將宋朝的蒸青與明朝的沖泡相結合，又發展成為現在的「煎茶道」。

蒸青而不研膏，這是日本茶區別於宋茶的最大特徵。為什麼不研膏呢？正是為了保留茶的苦味，或者叫「本味」。為什麼要保留苦味呢？恰恰和榮西當初推廣宋茶時的宣傳有很大關係——如前所述，榮西認為苦味對保護心臟是很有益處的。

註釋

1 西元九世紀末期，日本停止向中國派出遣唐使，在已吸收中國文化的基礎上大力發展自身文化，而來自中國的茶文化便衰落，史稱「國風文化」時期。

宋茶再現風華

同樣一種茶，做成蒸青茶可比做成炒青茶苦多了。這裡面到底有什麼原理呢？我不清楚。在蒸青過程中發生的化學反應和炒青又有什麼不一樣呢？我更不清楚。我只知道蒸青茶假如不研膏的話，那是絕對喝不慣的。河南信陽出產一款「新林雨露」，有名的蒸青綠茶，只蒸青，不研膏，泡出的茶湯倒是青綠可愛，喝上一口試試，茶香說輕不輕，說重不重，舌尖剛剛品出一絲清甜，大股大股的厚重滋味就往喉嚨的方向俯衝過去，隨即在舌根部位安營紮寨，這時候的感覺就只剩一個字：苦。為了把苦鎮壓下去，你必須大口大口地吞服質感柔滑的高香紅茶，喝下一整壺之後，緩過勁來了，可是舌根處突然又有一絲苦味揭竿而起，朝你大喊一聲：「呔，我又殺回來了！」

唐朝人怕苦，所以往茶裡放鹽。宋朝人怕苦，所以蒸青後又研膏。明朝人也怕苦，同時還怕麻煩，所以把蒸青茶

徹底改成了炒青茶。為什麼日本人不怕苦呢？為什麼他們時至今日仍然堅持飲用蒸青茶呢？我覺得除了苦味有益健康之外，大概還因為日本人已經習慣了蒸青茶的味道，而不再覺得苦了吧？

習慣是很能塑造人的。當年孔老夫子聽說周文王愛吃菖蒲，他也跟著吃，剛開始實在受不了，「縮頸而食之」，縮著脖子才能嚥下去，可是連吃了三年以後，他就再也離不開菖蒲了。同樣道理，假如我們能穿越回去，將現代人常喝的炒青茶送給宋朝人品嘗，恐怕宋朝人一時半刻也難以接受的。反過來講，假如讓諸位親愛的讀者朋友喝上一碗貨真價實的宋茶，大家恐怕也會覺得詫異：「咦，這是茶嗎？」

寫這本書之前，我自己做了一些宋茶。由於買不到專門的工具，不得不使用大量的替代品，例如搗黃時用擀麵棍代替木杵，壓黃時用青石板代替木榨，入模成型時又沒有模具，只好把茶泥按進一個蛋糕模裡，拍拍打打地做了七、八枚像抹茶蛋糕一樣的小茶磚……雖說裝備業餘，但是完全依照宋朝工藝去做，該蒸青就蒸青，該研膏就研膏，一道工序都不敢缺。做成以後，喊上幾個朋友一起品嘗，他們異口同聲地讚嘆：「嗯，不錯，果然一點兒也不苦……可是茶香到哪去了呢？」

宋茶並非沒有茶香，只是由於研膏的關係，大量的芳香物質伴隨著苦澀成分一起消失了，所以茶香不像現代炒青茶那樣明顯罷了。

宋茶就是這個樣子，它不苦、不香，不激烈也不張揚。質地柔順，口感微甜，就像淺吟低唱的宋詞，也像杏花春雨的江南。在這個節奏太快的時代，我相信它會把我們從喧囂拉回到寂靜，讓我們從時尚回歸到傳統。

當然，即使好古如我，也從不宣揚復古。我的意思是說，我們之所以要向宋朝人學喝茶，並不是要捨棄現在的喝茶方式，而是讓我們豐富多彩的現代生活再多一種選擇。可供選擇的生活方式愈多，我們就愈自由，就愈趨向於幸福。

基於這個理由，我認為宋茶終將復活。

陸

宋朝茶典文白對照

蔡襄《茶錄》

據商務印書館一九三六年叢書集成本點校。

蔡襄（一〇一二年～一〇六七年），福建人，北宋大臣，著名書法家，宋末權相蔡京的堂兄，曾在福建主持貢茶生產。宋仁宗皇祐年間（一〇四九年～一〇五四年），蔡襄為了讓仁宗皇帝全面瞭解建安貢茶的生產工藝和品鑑方法，寫了一本名為《茶錄》的小冊子，他自己留了底稿，但沒有刊刻。若干年後，《茶錄》底稿不慎丟失，被懷安知縣樊紀收藏，樊某將其刊刻成書，流入書市。蔡襄覺得樊紀刊刻的版本未經審定，訛誤太多，於是根據回憶親自修改，於宋英宗治平元年（一〇六四年）將修改後的版本重新刊印，並刻成碑文，立於建安北苑。

序

朝奉郎1、右正言2、同修起居注3臣蔡襄上進。

臣前因奏事，伏蒙陛下諭臣先任福建轉運使[4]日，所進上品龍茶最為精好。臣退念，草木之微，首辱陛下知鑑，若處之得地，則能盡其材。

昔陸羽《茶經》不第建安之品，丁謂《茶圖》[5]獨論采造之本，至於烹試，曾未有聞。臣輒條數事，簡而易明，勒成二篇，名曰《茶錄》。伏惟清閒之宴，或賜觀采，臣不幸惶懼榮幸之至。謹序。

皇上好，我是蔡襄，我的品級是「朝奉郎」，崗位是「右正言」，工作是「同修起居注」。前幾天，我向皇上奏事，皇上說：「你在福建當省長的時候，給朕進貢過一款建安北苑[6]出產的上品龍茶，那款茶非常精美。」回家以後我就想建安茶雖好，畢竟是草木之物，進入宮廷以前，大家根本不懂得重視它，只有把它放到合適的地方，經過識貨之人的鑑賞，它的珍貴才被世人發現，它的天資才能完全發揮出來。

過去唐朝的陸羽寫《茶經》，沒有提到建安茶。本朝的丁謂著《茶圖》，倒是專為建安茶而寫，可惜只講採茶和做茶，不講烹茶和品茶。為了填補這一缺口，我不揣淺陋，針對建安貢茶的採造、品鑑以及茶具的選擇等方面，逐一列舉了幾條要點，內容簡單明瞭，分成上下兩篇，總名《茶錄》。皇上不忙的時候，如果能翻開此書瞧瞧，那將是我莫大的榮幸。

上篇：論茶

色：茶色貴白，而餅茶多以珍膏油其面，故有青、黃、紫、黑之異。善別茶者，正如相工之視人氣色也，隱然察之於內，以肉理潤者為上。既已末之，黃白者受水昏重，青白者受水詳明。故建安人開試，以青白勝黃白。

茶色以白為佳，不過現在的高級茶餅[7]大多塗有珍貴的油膏，所以白色茶餅可能呈現出青色、黃色、紫色、黑色等色彩。擅長鑑茶的人就像擅長看相的大師，不但要觀察膚色，還要觀察肌理，肌理潤澤的人是好命人，質地堅實的茶是上等茶。刮掉上等茶的油膏，茶餅或現黃白，或現青白。再把茶餅製成茶粉，加水調湯，黃白茶餅調出的茶湯發暗，青白茶餅調出的茶湯發亮。所以北苑製茶工匠在檢驗成品茶的時候，普遍認為青白色的茶餅要勝過黃白色的茶餅。

香：茶有真香，而入貢者微以龍腦[8]和膏，欲助其香。建安民間試茶皆不入香，恐奪其真。若烹點之際，又雜珍果香草，其奪益甚，正當不用。

茶的香味與眾不同，是香料的味道所不可替代的。可是製作貢茶的工匠唯恐茶不夠香，所以又摻入龍腦等名貴香料，以增加成品茶的香味。其實建安民間的茶人做茶是從來不加香料的，以免香料掩蓋住純正的茶香。若在調製茶湯之時，往茶粉裡混合果粉和香草粉，更是將茶的真香破壞無遺。

味：茶味主於甘滑，惟北苑鳳凰山連屬諸焙所產者味佳，隔溪諸山雖及時加意製作，色味皆重，莫能及也。又有水泉不甘，能損茶味，前世之論水品者以此。

茶的口感以甘甜和柔滑為上。天底下哪個地方的茶最甘甜最柔滑？那當然是福建北苑鳳凰山了。鳳凰山真是天生出好茶的聖地，附近還有幾座山也產茶，和鳳凰山就隔一條小溪，所產茶餅顏色昏暗、味道苦澀，不管用多麼先進的工藝去加工，都比不上鳳凰山的茶。當然，這和水質也有關係，鳳凰山的泉水甘冽異常，最適合做茶，如果用別的水來做茶，茶味就沒有這麼好了。

藏茶：茶宜蒻葉而畏香藥，喜溫燥而忌溼冷，故收藏之家以蒻葉封裹入焙中，兩三日一次，用火常如人體溫溫，則禦溼潤。若火多，則茶焦不可食。

存放茶餅有講究，用蒻竹的葉子封裹保存是最合適的，不要和香料和藥材放在一起，以免茶香受到汙染。茶餅喜乾忌溼，喜溫忌涼，要想長期保存，最好每隔兩三天就拿出來烘焙一下。烘焙茶餅所用的木炭不可以有明火，熱度和人的體溫差不多，能把溼氣趕走就行了。如果有明火，會把茶餅烤焦的。

炙茶：茶或經年，則香色味皆陳，於淨器中以沸水漬之，刮去膏油一兩重乃止，以鈐拑之，微火炙乾，然後碎碾。若當年新茶，則不用此說。

茶餅存放一年以上，就成了陳茶。和新茶相比，陳茶色澤灰暗，香氣內斂，調製茶湯之前，應該先用乾淨的鍋子燒開一鍋水，把陳茶放進去洗一洗；再取出洗過的茶餅，用鋒利的小刀輕輕刮去表層的油膏。用茶鉗夾起茶餅，用細微的炭火慢慢烤乾。做完以上三步，才能把茶餅碾磨成茶粉，調出色香味俱全的茶湯。如果是存放時間不到一年的新茶，就沒必要這麼麻煩了。

碾茶：碾茶先以淨紙密裹搥碎，然後熟碾。其大要：旋碾則色白，或經宿則色已昏矣。

碾磨茶餅的時候，先用乾淨的白紙把茶餅包起來，包得嚴實合縫，用木錘從外面敲碎，然後打開紙包，將碎餅放進茶碾。碾茶有要訣，在保證能把茶餅全部碾成粉的前提下，動作愈快愈好，時間愈短愈好，否則茶碾上的石末和金屬末會進入茶粉。如果當時碾成的茶粉沒有立即取出，而是放在茶碾中過夜，那麼茶粉將會變得昏暗無光、氣味惡劣。

羅茶：羅細則茶浮，麤（讀音同「粗」）則水浮。

剛剛出碾的茶粉大多是很粗的顆粒，甚至還能見到尚未碾碎的茶梗，故此需要再用茶羅篩一篩。茶羅的篩網以細密為佳，篩網愈細，茶粉就愈細，可以調出均勻的茶湯，形成厚厚的泡沫。

如果篩網很粗，篩出的茶粉和沙子似的，一到水裡就沉底了。

候湯：候湯最難，未熟則沫浮，過熟則茶沉，前世謂之「蟹眼」者，過熟湯也。瓶中煮之不可辨，故曰候湯最難。

燒水是難度很高的技術活。用沒有燒沸的水來調湯，茶粉會漂在上面；用沸了很久的水來調湯，茶粉會黏在碗底。唐朝陸羽著《茶經》，提倡把水燒得咕嘟嘟冒泡，水泡的形狀像蟹眼似的，其實他的說法並不可取——水泡一旦大如蟹眼，那水就老了。唐朝流行用鍋燒水，水泡清晰可見，沸與不沸一目了然。宋朝人卻流行用壺來燒水[9]，壺口很小，看不見水面，只能聽聲辨水，完全憑藉水壺發出的聲響來判斷是否燒開。所以說燒水最難。

烤盞：凡欲點茶，先須烤盞令熱，冷則茶不浮。

點茶是將篩細的茶粉放入茶碗，澆入熱水，迅速攪動，調成茶湯，並形成厚厚的茶沫[10]。為了讓茶粉與沸水迅速交融，我們在點茶之前應該將茶碗烤熱。用烤熱的茶碗點茶，有助於形成茶沫，並能延長茶沫存續的時間；用冰涼的茶碗點茶，茶粉與水是分離的，茶沫不會浮現出來。

點茶：茶少湯多，則雲腳散；湯少茶多，則粥面聚。鈔茶一錢七，先注湯，調令極勻，又添注入，環回擊拂，湯上盞可四分則止。視其面色鮮白，著盞無水痕者為絕佳。建安開試，以水痕

先者為負，耐久者為勝。勝負之說，曰相去「一水」、「兩水」。

點茶點得好不好：看泡沫聚得多不多。泡沫多且厚，一堆堆，一朵朵，輕柔綿軟，雪白可愛，密密麻麻浮於水面，宛如天上堆積的白雲，那叫「雲腳」；泡沫少，並且薄，在茶湯表面漂著薄薄的一層，好像冷卻的米粥凝結出的一層薄皮，那叫「粥面」。如果茶粉太少，熱水太多，厚厚的雲腳會散開；如果茶粉太多，熱水太少，粥面就會漂出來。只有當茶粉與熱水比例適當的時候，才能讓茶湯形成足夠多、足夠厚、存續時間足夠長的漂亮泡沫。用茶匙[11]舀出一錢七分[12]的茶粉，放在碗底，先注入少量熱水，攪得十分均勻，再注入更多的熱水。一邊注水，一邊用茶匙轉著圈兒來回攪動，不一會兒，泡沫湧起，浮於水面。當茶水的深度占茶碗十分之六，泡沫的厚度占茶碗十分之四的時候，茶湯調製宣告完畢，可以停止攪動，取出茶匙。此時的茶湯潔白鮮亮，茶沫密布於水面，從上往下看，只能看見雪白的雲腳，絲毫不見暗青的水面，如果能調出這樣的茶湯，那就達到點茶的最高境界了。每年初春，建安北苑造出第一批貢茶，負責人都要召集高手來品鑑和鬥茶，決定鬥茶勝負的關鍵就是雲腳的存續時間。茶沫最先露出縫隙的人輸，存續最久的人贏。宣布勝負時通常說「誰比誰去幾水」，露出一條縫隙是「去一水」，兩條則是「去兩水」。

下篇：論茶器

茶焙：茶焙，編竹為之，裹以蒻葉。蓋其上，以收火也；隔其中，以有容也。納火其下，去茶尺許，常溫溫然，所以養茶色香味也。

茶餅出模，須經烘焙，不然很快會壞掉。焙茶當然要用到茶焙，這種工具用竹子編成，外裹蒻葉，為的是不讓茶餅和炭火直接接觸，以免烤焦。茶焙是中空的，裡面可以放茶餅。將滿貯茶餅的茶焙懸空置於炭火之上，離火約有一尺遠的距離，如此這般緩緩焙烤，既能去除茶餅裡的水分，又能保持茶餅的色澤和香味。

茶籠：茶不入焙者，宜密封裹，以蒻籠盛之，置高處，不近溼氣。

焙過的茶餅如想長期保存，須用蒻葉編成的茶籠來盛放，將茶籠放在高高的地方，不要讓它接近地面的溼氣。

砧椎：砧椎蓋以點茶。砧以木為之，椎或金或鐵，取以便用。

愈好的茶餅愈結實，碾磨之前，須先敲碎，這時候就要用到砧板和茶錘了。砧板是木頭的，茶錘可以用黃金鑄造，也可以用熟鐵鑄造，方便耐用即可。

茶鈐：屈金鐵為之，用以炙茶。

某些茶餅溼氣未除，有點發黏，敲不碎，碾不細，泡不出香味，事先必須烘烤，而烤茶須用茶鉗夾住茶餅。茶鉗的材質與茶錘相同，有黃金鑄造的，也有用熟鐵鍛打而成的。

茶碾：茶碾以銀或鐵為之，黃金性柔，銅及鍮（讀音同「偷」）石皆能生鉎（讀音同「生」），不入用。

從材質上看，茶碾分很多種，有金碾，有銀碾，有銅碾，有鐵碾，還有石碾。金碾的硬度偏低，銅碾容易氧化，石碾容易落粉，故此銀碾和鐵碾最為合用。

茶羅：茶羅以絕細為佳，羅絹用蜀東川鵝溪畫絹之密者，投湯中揉洗以冪之。

茶羅是用竹圈和絹布做成的，絹布宜薄，愈細愈好。最適合加工茶羅的絹布是產自四川東川鵝溪的畫絹，將畫絹放在熱水中仔細搓洗，完全晾乾，方可繃在竹圈之上。

茶盞：茶色白，宜黑盞，建安所造者紺黑，紋如兔毫，其坯微厚，熁之久熱難冷，最為要用。出他處者，或薄，或色紫，皆不及也。其青白盞，鬥試家自不用。

好的茶湯都是潔白鮮亮的，為了突出茶湯的潔白，我們應該選用黑色的茶碗。如今最好的茶碗出自建窯，人稱「建盞」。這種茶碗釉色青黑，內壁呈現出放射狀的細密條紋，狀如兔子的毛髮，看起來非常美麗。建盞的坯胎較厚，烤熱以後能長時間保溫，最適合點茶。其他地方燒造的茶碗要麼太薄，要麼釉色偏紫，都比不上建盞。市面上還有青色和白色的茶碗，鬥茶之士是不會選用的。

茶匙：茶匙要重，擊拂有力，黃金為上，人間以銀鐵為之。竹者輕，建茶不取。

茶匙的分量應該重一些，如果太輕的話，攪動茶湯的力度就上不去，無法在短時間內打出厚厚的茶沫。好茶匙應該用黃金來做，因為黃金密度大，分量重，擊拂有力。普通人家用不起金茶匙，不妨使用銀匙和鐵匙。如今還有用竹子加工的茶匙[13]，那太輕了，不適合點茶。

湯瓶：瓶要小者，易候湯，又點茶注湯有准。黃金為上，人間以銀鐵或瓷石為之。

燒水的壺稱為「湯瓶」。湯瓶有大有小，如果為了點茶，要用小湯瓶來燒水。容量愈小，愈容易辨別水的火候，點茶之時也便於掌握注水的力度。和茶匙一樣，湯瓶的材質也以黃金為上乘。當然，用得起金湯瓶的人實在太少了，現在大家一般使用銀湯瓶、鐵湯瓶和瓷湯瓶。

後序

臣皇祐中修起居注，奏事仁宗皇帝，屢承天問，以建安貢茶並所以試茶之狀。臣謂茶雖禁中

語，無事於密，造《茶錄》二篇上進。後知福州，為掌書記[14]，竊去藏稾，不復能記。知懷安縣樊紀購得之，遂以刊勒，行於好事者，然多舛謬。臣追念先帝顧遇之恩，攬本流涕輒加正定，書之於石，以永其傳。

治平元年五月二十六日，三司使[15]、給事中[16]臣蔡襄謹記。

本朝仁宗皇祐年間（一〇四九年～一〇五四年），我在起居院上班，屢被仁宗皇帝詢問，問我建安貢茶如何生產，茶餅優劣如何評判。我覺得貢茶雖為大內之物，但是並不涉及國家機密，所以就寫了兩篇文章，訂為一冊，取名為《茶錄》，獻給了仁宗。若干年後，我去福州當市長，不小心被小偷光顧，把《茶錄》底稿偷走了。後來這本底稿又被懷安知縣樊紀買到手，還刻成了書，在市面上廣為流傳，可惜其中有很多地方都刻錯了。我看到這本書，想起了當年仁宗皇帝對我的禮遇和照顧，忍不住痛哭失聲。現在我憑藉記憶，把這本書裡印錯的地方都改正過來，並請人刻成碑文，希望它能永遠流傳下去。

治平元年（一〇六四年）五月二十六，三司使、給事中蔡襄謹記。

註釋

1 表明品級的文散官名。北宋前期，文散官二十九階，朝奉郎為第十四階，相當於正六品。

2 負責向皇帝及大臣提意見的中下級諫官。

3 宋初有「起居院」，內設「起居官」，負責隨侍皇帝左右，記錄皇帝言行及大臣奏對，並定期將朝中大事以編年體形式整理成書。起居官有正有副，正官為「修起居注官」，副官為「同修起居注官」。

4 宋朝轉運使是高級地方長官，掌管路級行政區的戶口、財政、農業等工作，並對州縣官員任免有決定性作用，近似於現在的省長。

5 丁謂，北宋大臣，曾任福建轉運使，革新貢茶製法。按《宣和北苑貢茶錄》，丁謂所作乃《茶錄》，並非《茶圖》。原書已佚，今人僅能從《畫墁錄》、《北苑別錄》、《北苑貢茶錄》、《東溪試茶錄》等宋人筆記與宋代茶典中見到少量內容。

6 建安，今福建省建甌市，位於福建北部、閩江上游、武夷山脈之東南部。北苑，宋朝最著名的貢茶生產基地，舊址在今建甌市東峰鎮鳳凰山，方圓三十里，極盛時期包括皇家茶園四十六處（最初僅有茶園二十五處），因在福州北部，故名「北苑」。按沈括《夢溪筆談》：「建茶勝處曰郝源、曾坑，其間又岔根、山頂二品尤勝，李氏時號為北苑，置使領之。」可知建安北苑始於五代十國時期之南唐。

7 茶餅，即大小不等、造型各異的小茶磚，又名「團茶」、「片茶」。

8 龍腦，龍腦香木的樹脂和揮發油，又名「龍腦香」、「龍腦子」，簡稱「腦子」。

9 唐朝茶具與宋朝頗有不同：唐人煮水用釜，宋人煮水用瓶。釜就是鍋，瓶則是壺，宋人所謂「提瓶賣茶」，其實是提著茶壺賣茶，而不是拎著茶瓶賣茶。

10 點茶之時，只要茶粉夠細、水溫合適、攪拌得法，那麼茶湯表面就會形成厚厚的、鬆軟的、細密的泡沫，由於泡沫中融入了大量空氣，喝起來會感覺到柔滑和鮮爽。宋朝茶人愛喝茶湯的泡沫，一如我們現代人愛喝起泡的牛奶。

11 又叫「茶匕」，狀如小勺，在宋朝多用金屬製造，既然可以取茶粉，又可以調茶湯。

12 錢、分，均為古代重量單位，十分為一錢，十錢為一兩，十六兩為一斤。

13 從北宋後期開始，竹子做的茶筅登上歷史舞臺，專門用於攪拌茶湯，逐漸代替了茶匙。但在蔡襄著《茶錄》之時，茶筅尚未問世，故此蔡襄建議用密度較大的金屬茶匙來點茶。

14 全稱「節度掌書記」，唐朝及宋初官職，協助長吏治本州事，相當於今天的市長。

15 主管國家財政的大臣，相當於財政部長。

16 北宋前期為寄祿官，沒有具體職事，僅憑此官銜領取薪俸，相當於正三品。

黃儒《品茶要錄》

校錄自涵芬樓百卷本《說郛》第六十卷。

黃儒，生卒年不詳，福建人，宋仁宗熙寧六年（一〇七三年）進士，家在建甌，即鳳凰山皇家茶園所在地。

此書寫成於宋仁宗熙寧八年（一〇七五年），比蔡襄《茶錄》寫作時間稍晚，卻比《茶錄》的刊印時間要早。

序言

說者常怪陸羽《茶經》不第建安之品，蓋前此茶事未甚興，靈芽真笱往往委翳消腐，而人不知惜。自國初以來，士大夫沐浴膏澤，詠歌升平之日久矣，夫體勢灑落，神觀沖淡，惟茲茗飲為可喜。園林亦相與摘英誇異，制卷鬻新而趨時之好，故殊異之品始得自出於蓁莽之間，而其名遂冠天下。借使陸羽復起，閱其金餅，味其雲腴，當爽然自失矣。

評論家總是奇怪陸羽在《茶經》裡為什麼不提建安茶，其實沒什麼可奇怪的。陸羽活著的時候，建安茶還處於默默無聞的階段，許許多多珍奇至極的茶芽[1]和茶葉被白白地浪費掉，即使枯萎腐爛也無人珍惜。自從本朝建立以來，國家高薪養廉，士大夫衣食無憂，一直過著歌舞升平的幸福日子，身體得以休養，心態得以放鬆，自然喜歡上喝茶。一些隱士從未做過官，但是在園林之中舒舒服服地生活著，也都成了愛茶之人。這些士大夫不僅喝茶，還採茶、做茶，透過互相交流和不斷探索，把製茶工藝推進到一個新的境界，把此前歷朝歷代都沒能發現的珍奇茶種公之於世。假使陸羽起死回生，來到本朝，嘗嘗我們新近推出的高級茶餅，體驗一下那種綿柔醇厚的奇特茶香，他應該會爽然若失，後悔自己早生了幾百年吧？

因念草木之材，一有負瑰偉絕特者，未嘗不遇時而後興，況於人乎？然士大夫間為珍藏精試之具，非尚雅好真，未嘗輒出。其好事者又常論其採製之出入、器用之宜否、較試之湯火，圖於縑素，傳玩於時，獨未有補於賞鑑之明爾！蓋園民射利，膏油其面，色味易辨而難評。予因閱收之暇，為原採造之得失，較試之低昂，次為十說，以中其病，題曰《品茶要錄》云。

茶乃草木之物，並非天生貴胄，可只要是優良的茶種，就一定會被人發現，所差別只是時間早晚罷了。茶是這樣，人難道不是這樣嗎？然而有些士大夫家裡放著最精美的茶具，就不讓你看，就不給你欣賞和學習的機會。倒是有那好事之徒喜歡講茶，從採茶到製茶，從工具到火候，講得天花亂墜，還畫成圖給人看，可惜這些人並不掌握真正的茶道祕笈，不一定分得出好茶與劣茶。當然，茶之優劣實難區別，因為現在的茶農唯利是圖，以次充好，將油膏塗抹在茶餅外面，使劣質茶餅呈現出優質茶餅的色澤和香氣。鄙人有幸生在建安，天天和建安茶打交道，逐漸掌握了一些有用的知識，包括採茶的要領、造茶的程式、點茶的要領、鬥茶的技藝等。現在我把這些知識整理出十個條目，匯總為《品茶要錄》。

一、採造過時

茶事起於驚蟄前，其採芽如鷹爪，初造曰「試焙」，又曰「一火」，其次曰「二火」。二火之茶已次一火矣，故市茶芽者，惟同出於三火前者為最佳。尤喜薄寒氣候，陰不至於凍（芽茶發時尤畏霜，有造於一火二火皆遇霜，而三火霜霽，則三火之茶勝矣），晴不至於暄，則谷芽含養約勒，而滋長有漸，採工亦優為矣。凡試時，泛色鮮白，隱於薄霧者，得於佳時而然也。有造於積雨者，其色昏黃。或氣候暴暄，茶芽蒸發，採工汗手熏漬，揀摘不給，則製造雖多，皆為常品矣。試時色非鮮白，水腳2微紅者，過時之病也。

建安茶的採摘是從驚蟄前就開始的，此時茶芽剛剛萌發，細嫩而緊致，狀如鷹爪。用這種茶芽製成的第一批茶餅，名曰「試焙」，又叫「一火」。此後繼續採摘，繼續製造，第二批茶餅為「二火」，第三批茶餅為「三火」。三火的品質不如二火，二火的品質又不如一火，所以買茶之人最看重一火茶和二火茶。採茶對天氣有極高的要求，須在早春時節進行，溫度不高不低，溼度不大不小，天氣不好不壞，氣溫下降時不至於下雪、下霜（茶芽最怕下霜，有時製造前兩火時不幸碰上霜雪天氣，到三火茶時恰好天氣晴朗，那麼三火茶的品質將超過一火與二火），氣溫回升時也沒有豔陽高照，此時茶芽生長不快不慢，採茶工人無需趕工，可以不慌不忙地把工作做好。有經驗的朋友透過觀看茶湯的顏色，可以推斷出採茶的時節。如果茶湯潔白鮮亮，茶碗上隱隱泛出一層霧氣，一定是在驚蟄前最合適的天氣採摘的；如果茶湯昏暗發黃，一定是趕在陰雨天採摘的。最忌大熱天採茶，因為天氣太熱的話，茶芽生長過快，人們不由自主地趕工，手汗會弄髒茶芽，擇茶也擇不乾淨，看上去產茶挺多，可都是普通等級而已。故此採茶宜冷不宜熱，宜早不宜晚。我們品茶的時候，如果發現茶湯既不潔白，也不鮮亮，泡沫底下露出微紅的水腳，那正是天氣太熱、採茶太晚造成的後果。

二、白合盜葉

茶之精絕者曰「斗」，曰「亞斗」，其次「揀芽」。揀芽、斗品雖最上，園戶或止一株，蓋天材間有特異，非能皆然也。且物之變勢無窮，而人之耳目有盡，故造斗品之家有昔優而今劣、前負而後勝者，雖人工有至有不至，亦造化推移，不可得而擅也。其造，一火曰「斗」，二火曰「亞斗」，不過十數銙而已。揀芽則不然，遍園隴中擇其精英者爾。其或貪多務得，又滋色澤，往往以白合盜葉間之。試時色雖鮮白，其味澀淡者，間「白合」、「盜葉」之病也。一鷹爪之芽，有兩小葉抱而生者，白合也；新條葉之抱生而色白者，盜葉也。造揀芽，常剔取鷹爪，而白合不用，況盜葉乎？

用我們茶葉界的行話講，品質最優良的茶叫做「斗」，比斗略次的茶叫「亞斗」，比亞斗又低一個等級的是「揀芽」。揀芽、亞斗、斗，都屬於高級茶，它們數量稀少，有時走遍幾座茶園，只能找到一棵出產高級茶的茶樹，它就像上天賜給人間的禮物，可遇而不可求。隨著時間的推移，茶樹也在不斷地進化或退化，人的視野是有限的，茶的變化是無限的。過去出產高級茶的茶園，現在可能默默無聞；過去只出低檔茶的茶園，如今也許聲名鵲起。為什麼會發生這樣的變

化呢？一小半原因是製茶工藝在改變，更關鍵的因素則是茶樹與氣候和以前不一樣了，這是憑藉人力無法改變的事實。

驚蟄前採芽做茶，頭批茶芽做斗，二批茶芽做亞斗。斗與亞斗不可多得，一整座茶園的茶芽最多只能做出十幾枚，因為適合做斗的茶芽實在太稀少。如果要做揀芽，符合要求的茶芽就多了去了。但即便是做揀芽，採茶時也必須小心謹慎，既不能貪多，也不可摻假，最忌用「白合」與「盜葉」冒充茶芽。茶餅初成，點茶品鑑，湯色鮮白，茶味澀淡，就是因為茶芽裡摻了白合與盜葉。所謂白合，是指鷹爪嫩芽外面纏抱而生的那兩片小葉；所謂盜葉，是指相鄰的兩片嫩葉長到了一塊兒，環繞相抱，顏色很淡，乍一看，和茶芽很像，但它不是茶芽，而是老葉，只不過相互纏繞，沒有舒展開而已。白合有損茶餅的品質，盜葉的危害則更大，我們製造揀芽時，連茶芽外面的白合都要剝掉，更不必說盜葉了。

三、入雜

物固不可以容偽，況飲食之物，尤不可也。故茶有入他葉者，建人號為「入雜」。「銙列」入柿葉，「常品」入桴檻葉[3]，二葉易致，又滋色澤，園民欺售直而為之。試時無粟紋甘香，盞面浮散，隱如微毛，或星星如纖絮者，入雜之病也。善茶品者，側盞視之，所入之多寡，從可知矣。向日下品有之，近雖銙列，亦或勾使。

普通商品不可摻假，食品和飲料更不可摻假。有些奸商為了降低成本和增加產量，會在茶裡摻入其他葉片，這種行為在建安茶界叫做「入雜」。建安茶農將早春採摘的茶芽做成高級茶餅，統稱為「銙列」；將晚春採摘的茶葉做成普通茶餅和散茶，統稱為「常品」。做銙列一般用柿葉入雜，做常品一般用苦丁葉入雜，因為這兩種葉子既容易獲得，又能改善成品茶的色澤。我們調製茶湯的時候，如果發現茶湯不甜，泡沫分散，還有絲絲縷縷的絮狀物懸浮其中，就說明中招了，買到了被奸商入雜的假茶。有經驗的品茶師將茶碗傾斜過來觀察一下，就能鑑別出究竟入了多少雜。過去入雜的通常是普通茶，現在連高級茶都有入雜的，真是世風日下，讓人痛心啊！

四、蒸不熟

谷芽初採，不過盈箱而已，趣時爭新之勢然也。既採而蒸，既蒸而研。蒸有不熟之病，有過熟之病。蒸不熟，則雖精芽，所損已多，試時色青易沉，味為桃仁之氣者，不蒸熟之病也。唯正熟者，味甘香。

驚蟄前採嫩芽，最多只能採滿一箱，因為茶芽太少，採摘時間也很短。採到嫩芽必須馬上蒸青[4]，蒸青之後必須馬上研膏[5]。蒸青講究火候，既不能不熟，也不能過熟。蒸青如果不熟，再好的茶都被糟蹋了，品鑑之時湯色泛青，茶粉很快沉底，茶湯的味道既酸又澀，有桃仁的氣味。只有蒸青火候恰到好處，才能讓茶湯又香又甜。

五、過熟

茶芽方蒸，以氣為候，視之不可以不謹也。試時色黃而粟紋大者，過熟之病也。然雖過熟，愈於不熟，甘香之味勝也。故君謨論色，則以青白勝黃白；余論味，則以黃白勝青白。

茶芽入鍋以後，從外面看不到顏色的變化，只能透過鍋蓋上冒出來的熱氣來判斷火候，所以蒸青的時候一定要小心謹慎、認真觀察。

如果茶湯發黃，茶沫偏大，說明茶芽蒸得太熟了。太熟雖然不好，但是強於不熟：太熟的茶芽湯色發黃，但能保持甜香；不熟的茶芽湯色發青，可是偏於酸澀。當年蔡襄（蔡君謨）評價茶湯的顏色，認為青白勝過黃白；論味道，我倒是覺得黃白要勝過青白。

六、焦釜

茶蒸不可以逾久，久而過熟，又久則湯乾，而焦釜之氣出。茶工有泛新湯以益之，是致熏損茶黃。試時色多昏紅，氣焦味惡者，焦釜之病也。建人號為「熱鍋氣」。

蒸青不宜太久，否則茶芽過熟，再繼續蒸的話，水會熬乾，水一熬乾，糊鍋味就出來了。當水快要熬乾的時候，製茶的工匠又會往鍋裡續水，以至於熏壞「茶黃」6。我們品鑑茶湯，如見湯色暗紅，湯汁渾濁，有一股濃濃的糊鍋味，那一定是因為蒸青太久。建安人把這種糊鍋味叫做「熱鍋氣」。

七、壓黃

茶已蒸者為「黃」，黃細則已，入棬模製之矣。蓋清潔鮮明，則香色如之，故採佳品者常於半曉間沖蒙雲霧，或以罐汲新泉懸胸間，得必投其中，蓋欲鮮也。其或日氣烘爍，茶芽暴長，工力不給，其採芽已陳而不及蒸，蒸而不及研，研或出宿而後製。試時色不鮮明，薄如壞卵氣者，壓黃之病也。

蒸過的茶芽被稱為茶黃，茶黃再經過研膏，榨成細細的茶泥，就可以放入茶模，製成茶餅了。茶餅的品質在很大程度上取決於茶芽的品質，只有乾淨鮮亮的茶芽才能製出芳香並且漂亮的茶餅。為了採到優質的茶芽，人們通常在天剛矇矇亮時出發，當時晨霧未散，茶芽最為鮮嫩。有的採茶人還在胸前懸掛一個水罐，罐中裝著新汲的泉水，摘到一片茶芽，立即放進罐子，用清冽的泉水來養茶，使之保持鮮嫩。如果採摘的時間偏晚，朝陽當空，晨霧消散，茶芽迅速舒展開來，工人們手忙腳亂，採到的茶芽已經老了，回去之後不能及時蒸青，蒸青之後不能及時研膏，待到研膏之後，當天無法入模，過了一夜才製成茶餅，那就只能做劣質茶了。當你發現茶湯發暗，微微散發出臭雞蛋氣味的時候，一般可以認定為茶芽不夠新鮮、壓黃不夠及時。

八、漬膏

茶餅光黃，又如蔭潤者，榨不乾也。榨欲盡去其膏，膏盡則有如乾竹葉之色。唯飾首面者，故榨不欲乾，以利易售。試時色雖鮮白，其味帶苦者，漬膏之病也。

如果茶餅鮮亮，但顏色發黃，或者摸著溼漉漉的，通常是因為沒把茶膏[7]壓榨乾淨。我們壓黃的時候，一定要盡可能地把它的苦汁全榨出來，這樣成品茶的顏色彷彿風乾的竹葉，雖然樣子不美觀，但是茶味甚美。有的茶商追求美觀，為了讓成品茶潤澤好看，利於銷售，故意不榨淨苦汁。結果呢？看起來倒是潔白鮮亮，喝一口嘗嘗，味道好苦。

九、傷焙

夫茶本以芽葉之物就之棬模[8]，既出棬，上笪[9]焙之。用火務令通徹，即以灰覆之，虛其中，以熱火氣。然茶民不喜用實炭，號為「冷火」，以茶餅新溼，欲速乾以見售，故用火常帶煙焰。煙焰既多，稍失看候，以故熏損茶餅。試時其色昏紅，氣味帶焦者，傷焙之病也。

把經過研膏的茶芽、茶葉放進茶模壓製，出模即成茶餅。剛出模的茶餅不能保存，還要上籠烘焙。焙茶用的炭必須是燒透的，上面用一層炭灰覆蓋，只讓熱氣升騰，不讓明火冒出來。但是茶農不喜歡用燒透的炭，將這種炭稱為「冷火」，他們為了趕工，為了快速焙乾茶餅上市銷售，大多使用剛剛燃著的炭，不但有明火，還冒著煙，翻動稍不及時，茶餅就被熏壞了。如果你喝到的茶湯發暗發紅，還有煙熏火燎的味道，說明焙茶時用的炭不合格。

十、辨壑源、沙溪

壑源10、沙溪11，其地相背，而中隔一嶺，其勢無數里之遠，然茶產頓殊。有能出力移栽植之，亦為土氣所化。竊嘗怪茶之為草，一物爾，其勢必由得地而後異，豈水絡地脈，偏鐘粹於壑源？抑御焙12占此大岡巍隴，神物伏護，得其餘蔭耶？何其甘芳精至而獨擅天下也？觀乎春雷一驚，筠籠才起，售者已擔簦挈橐於其門，或先期而散留金錢，或茶才入笪而爭酬所直，故壑源之茶常不足客所求。其有桀猾之園民，陰取沙溪茶黃，雜就家棬而製之，人耳其名，睨其規模之相若，不能原其實者，蓋有之矣。凡壑源之茶售以十，則沙溪之茶售以五，其直大率仿此。然沙溪之園民亦勇於為利，或雜以松黃13，飾其首面。凡肉理怯薄，體輕而色黃，試時雖鮮白不能久泛，香薄而味短者，沙溪之品也。凡肉理實厚，體堅而色紫，試時泛盞凝久，香滑而味長者，壑源之品也。

壑源、沙溪，一南一北，中間隔著一道山嶺，相距雖然只有幾里遠，但茶葉的品質卻有天壤之別。曾經有人把壑源的茶樹移栽到沙溪，可是由於土質的關係，到了沙溪就長不出好茶了。我感到奇怪：同樣一種茶樹，為什麼偏偏在壑源就能長出好茶呢？莫非優良的水土都集中到壑源去了嗎？又難道是因為壑源離北苑較近，山勢雄偉，神靈護佑，壑源也跟著沾到了靈氣？不然為什麼只有壑源的茶葉香甜絕美，受到全國茶人的追捧呢？

讓我們看看壑源的茶葉有多麼走紅吧：第一聲春雷剛剛響起，別處的茶農剛剛開始背著竹簍上山，壑源的茶園就已經應接不暇了。商販們挑著擔子、提著箱子來買茶，有的預先付下貨款，有的等不到茶餅焙好就爭相搶購，所以壑源茶總是供不應求。有些狡猾的壑源茶農偷偷地把沙溪的茶黃放進自家的茶模，冒充壑源茶出售；有些買茶的商販只聽過壑源茶的大名，不知道真正的壑源茶是什麼樣子，一瞧茶模是壑源的，就以為買到了正品貨。從比例上說，茶農每賣掉十斤壑源茶，其中就摻有五斤沙溪茶，而壑源茶的價格卻比沙溪茶貴了一倍。當然，沙溪的茶農因利之所趨，他們也摻假，例如將松樹的花粉摻進沙溪茶，這樣做出來的茶餅油光可鑑，可以冒充高級茶。根據我的經驗，凡是茶餅紋理較淺、密度較小、顏色發黃、茶湯雖潔白鮮亮但茶沫很快消散、茶香淡薄並且沒有韻味的，一般是沙溪茶；凡是茶餅紋理明顯、密度較大、顏色發紫、茶沫持續存在、口感柔滑、茶香悠長的，一般是壑源茶。

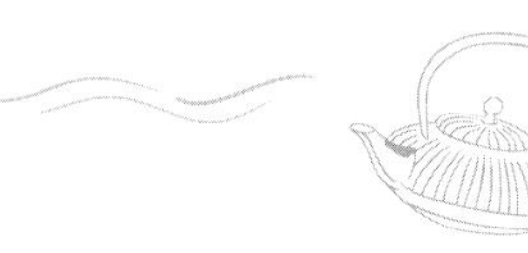

後論

余嘗論茶之精絕者，白合未開，其細如麥，蓋得青陽之輕清者也；又其山多帶砂石而號嘉品者，皆在山南，蓋得朝陽之和者也。

余嘗事閒，乘晷景之明淨，適軒亭之瀟灑，一取佳品嘗試，既而神水生於華池，愈甘而清，其有助乎！然建安之茶散天下者不為少，而得建安之精品不為多，蓋有得之者亦不能辨，能辨矣或不善於烹試，善烹試矣或非其時，猶不善也，況非其賓乎？然未有主賢而賓愚者也。夫惟知此，然後盡茶之事。

昔者陸羽號為知茶，然羽之所知者，皆今之所謂「草茶」。何哉？如鴻漸所論「蒸筍並葉，畏流其膏」，蓋草茶味短而淡，故常恐去膏；建茶力厚而甘，故惟欲去膏。又論福建為「未詳，往往得之，其味極佳。」由是觀之，鴻漸未嘗到建安歟？

我以前說過，好茶對水土和光照有很高的要求，比如白合尚未舒展，茶芽又細又長，像剛剛萌發的麥苗一樣，那一定出自山清水秀、光照柔和的地方。如果茶樹在遍地砂石、非常貧瘠的禿山上生長，卻能長出好茶，那一定是山坡向陽、光照極好的緣故。

我曾經趁著閒暇之餘，端坐在高高的亭臺上，沐浴在暖暖的陽光下，一一品嘗建安的好茶，感覺茶香悠遠，名不虛傳。我點茶時用了本地最好的山泉，又清又甜，對茶的滋味應該也有一定的幫助。建安茶聞名天下，暢銷全國，可是很少有人能嘗到真正道地的建安茶，主要是因為他們分辨不出真假；就算能分辨真假，他們也未必懂得怎樣點茶；就算精通點茶，也未必趕得上建安茶的茶局；就算趕得上這樣的茶局，和你一起喝茶的朋友也不一定懂茶啊！不過物以類聚，人以群分，近朱者赤，近墨者黑，只要你是精通茶道的高雅之士，那麼你的朋友通常也不會俗到哪裡去的。大家只有懂得了這些道理，才有可能貫徹茶道。

當年陸羽號稱懂茶，可是陸羽所懂的只是我們今天所謂的「草茶」。為什麼這樣說呢？因為陸羽在《茶經》中寫道：「蒸筍並葉，畏流其膏。」把茶芽和茶葉放在鍋裡蒸，攤得薄薄的，盡量不要翻動，以免茶汁流失。眾所周知，只有茶香淡薄的草茶才需要避免茶汁流失，而建安茶的茶味非常濃厚，必須將茶汁去除乾淨，否則會因為苦澀而影響口感。還有，陸羽詳細論述了全國各大茶區，寫到福建時卻一筆帶過，從這一點上看，他老人家大概沒有來過建安吧？

註釋

1 茶芽其實也是茶葉，本書所稱之茶芽，特指初春之時剛剛萌發、尚未開面、形如嫩芽的茶葉。宋人做茶喜用茶芽，建安貢茶中的頭幾批茶餅均用茶芽製造。

2 水腳，又名「雨腳」。宋人點茶，上層為泡沫，下層為茶水，泡沫為「雲頭」，茶水為「雨腳」。

3 桴檻，即苦丁樹，常綠喬木，俗稱「茶丁」，有藥用價值，其葉片可做苦丁茶。苦丁茶有兩大特徵，一是沖泡的茶湯中漂浮著絮狀物，二是將沖泡過的葉片撕開，可以看到絲絲縷縷的白筋。本段原文描述入雜之茶湯「星星如纖絮」，即為苦丁茶所致。

4 今人做茶多用炒青之法，直接將茶葉置於熱鍋之上，快速翻炒使其萎凋。宋人做茶則用蒸青之法，將茶葉或者尚未舒展的茶芽放入蒸鍋，利用蒸氣來殺青。

5 蒸過的茶取出放涼，用清水反覆沖洗，反覆壓榨，反覆研磨，使分散的茶葉變成黏稠的茶泥，這一工序叫做「研膏」，最後製成的茶餅叫「研膏茶」。研膏茶是宋朝人發明的，同時也是宋茶製作工藝的一大特色，通過研膏，可以去除茶葉裡的苦澀物質，並使茶葉更容易被壓製成型。

6 茶葉蒸熟之後會變黃，故此宋人將蒸過的茶葉稱為「茶黃」。

7 宋人做片茶，先蒸青，後研膏，即透過舂搗、壓榨、漂洗、揉捏等工序將茶葉裡的苦汁去除乾淨。宋人所謂「茶膏」者，實際上就是茶的苦汁，與今天名貴的普洱茶膏並不是一回事。

8 棬模，宋朝人做磚茶的模具，用竹子與金屬製成，又叫「圈模」。

9 笪，音ㄉㄚˋ，焙茶時用的茶籠，用竹子編成，外裹蒻葉。

10 山名，即壑源山，又名「南山」，在建甌鳳凰山北苑之南約兩公里，此地盛產名茶，雖不屬貢茶範疇，但其品質僅次於北苑貢茶。

11 水名，據宋子安《東溪試茶錄》：「沙溪去北苑西十里，山淺土薄，芽不肥乳。」可知沙溪在鳳凰山之西約五公里，所產茶葉不如貢茶。

12 建安產茶之處甚多，唯有鳳凰山北苑為貢茶最正宗的產地，當貢額不足時，才從其他茶園採購，故而「御焙」專指北苑。

13 松樹的花粉。

唐庚《鬥茶記》

校錄自陶珽重校本《說郛》第九十三卷。

唐庚（一〇七〇年～一一二〇年），四川人，宋哲宗紹聖元年（一〇九四年）進士，擅長文學，也曾和蘇東坡一樣被貶惠州，所以時稱「小東坡」。又，唐庚兄弟五人，其長兄名叫伯虎，與明朝唐寅同名。

《鬥茶記》是唐庚被貶惠州以後所寫的一篇文章，重點論述水性與茶性，他不盲從權威，認為水貴活，茶貴新，其論頗有道理。但他在篇末突然大拍皇帝馬屁，格調不算高。

政和二年三月壬戌，二三君子相與鬥茶[1]於寄傲齋[2]。予為取龍塘水烹之，而第其品。以某為上，某次之，某閩人，其所賫宜尤高，而又次之，然大較皆精絕。蓋嘗以為天下之物有宜得而不得，不宜得而得之者。富貴有力之人

或有所不能致，而貧賤窮厄流離遷徙之中或偶然獲焉。所謂「尺有所短，寸有所長」，良不虛也。

政和二年（一一一三年）三月十一日，幾個朋友來到我的寄傲齋鬥茶，我從龍塘中為他們取水，並擔任裁判。本次鬥茶的結果，某某第一，某某第二，排名第三的是個福建人，他帶的茶餅最好，但是調出的茶湯卻最差。不過總的來說，這幾位朋友鬥茶的功夫都很高超。我從那位福建朋友身上學到了一個道理：該得到的不一定能得到，不該得到的反倒有可能得到，就像擁有最好茶餅的他，本該得到鬥茶的頭名，可是最後卻一敗塗地。世界就是這麼奇怪，有錢有勢的人還得不到的，貧賤之人在顛沛流離中卻可能得到。人們常說「尺有所短，寸有所長」，看來真不是瞎說的啊！

唐相李衛公[3]好飲惠山泉[4]，置驛傳送不遠數千里。而近世歐陽少師[5]作《龍茶錄》，序稱「嘉祐七年親享明堂[6]致齋之處，始以小團分賜二府，人給一餅，不敢碾試，至今藏之」，時熙寧元年也。吾聞茶不問團、鋌[7]，要之貴新；水不問江、井，要之貴活。千里致水，真偽固不可知，就令識真，已非活水。自嘉祐七年壬寅至熙寧元年戊申，首尾七年，更閱三朝，而賜茶猶在，此豈復有茶也哉？

唐朝重臣李靖愛喝惠山的泉水，為此專門設置了一系列驛站，讓驛夫為他運送山泉，從惠山一站接一站地送到長安。近代太子少師歐陽修作《龍茶錄》，在序言裡說，嘉祐七年（一〇六二年），仁宗皇帝親自到明堂祭祀，祭祀之後賞賜大臣，從宰相到樞密使，每人賜給一枚小茶餅。歐陽修也得到了一枚，他不捨得品嘗，一直保存到他寫《龍茶錄》的那一年，也就是熙寧元年（一〇六八年）。我聽人說，茶的優劣與形狀無關，無論茶餅是圓是方，是短是長，首先必須是出焙不久的新茶；水的優劣與來源無關，無論江水還是井水，首先必須是經常汲取的活水。李靖讓人從幾千里之外運送泉水，運來的就一定是惠山泉嗎？就算鐵定是惠山泉，經過了那麼多天的長途跋涉，泉水也會發黃發臭，完全不適合泡茶了。仁宗賞賜給歐陽修一枚小茶餅，相信那一定是特級好茶，可是他卻從嘉祐七年珍藏到熙寧元年，前後七年時間，歷經三代皇帝[8]，那枚茶餅居然還在，哪裡還會殘留一丁點茶味呢？

今吾提瓶走龍塘無數十步，此水宜茶，昔人以為不減清遠峽[9]。而海道趨建安不數日可至，故每歲新茶不過三月至矣。

現在我提著水壺去龍塘取水，不過幾十步遠。龍塘水是非常適合泡茶的，古人認為不次於清遠峽的珠江水。龍塘離建安也很近，走海路的話，幾天就到了，所以每年的建安新茶在三月之前就能來到這裡。

罪戾之餘，上寬不誅，得與諸公從容談笑於此，汲泉煮茗，取一時之適。雖在田野，孰與烹數千里之泉，澆七年之賜茗也哉？此非吾君之力歟？夫耕鑿食息，終日蒙福而不知為之者，直愚民爾，豈吾輩謂耶？是宜有所紀述，以無忘在上者之澤雲。

我是有罪之人，蒙皇上寬大之恩，沒有判死刑，所以現在才能和幾位朋友從容談笑，汲水煮茶，獲得一陣子的快樂。我官品低微，不可能像李靖那樣不遠千里取運惠山泉水，或者像歐陽修那樣品嘗珍藏了七年的御賜磚茶。但是由於皇上把我發配到了這裡，我可以用非常鮮活的龍塘水烹煮非常新鮮的建安茶，比李靖和歐陽修還要有口福，這難道不是出自皇上的恩賜嗎？那些務農務工的凡夫俗子，每天都在蒙受皇上的恩賜，但是卻不懂得感恩戴德，真是愚蠢的傢伙啊！我們難道能這樣做嗎？所以我覺得應該把這些話寫下來，以表明沒有忘記皇上的恩澤。

註釋

1 宋朝茶人之間比試茶餅、茶具、茶水及點茶手藝的優劣，通常以茶湯的色澤和茶沫的存續時間來決定勝負，勝者賞，負者罰，此之謂「鬥茶」。

2 唐庚被貶至惠州後，在城南龍塘村建房，名為「寄傲齋」。

3 指唐朝名將李靖。

4 惠山泉在江蘇無錫西郊惠山，被陸羽稱為「天下第二」。

5 歐陽修曾拜太子少師，故稱「歐陽少師」。

6 明堂，古代宮廷中的禮制建築，供祭祀之用。按宋朝制度，皇帝每三年一次至明堂大祭，名為「親郊」，又名「親享」，祭後必賞賜大臣，或加官晉爵，或分賜禮品。

7 團，圓形的磚茶；鋌，條狀的磚茶。

8 此間歷經仁宗、英宗、神宗三個皇帝。

9 清遠峽，珠江水系幹流北江河道中的峽谷，是北江三峽中最險要的地方，又名「飛來峽」。

宋徽宗《大觀茶論》

校錄自涵芬樓百卷本《說郛》第五十二卷。

《大觀茶論》本名《茶論》，因為成書於大觀元年（一一〇七年）而得今名。在我們能見到的宋朝茶典當中，以此書最為著名，在中國茶史中的地位堪比陸羽《茶經》。作者宋徽宗多才多藝，既擅書法、繪畫，又精於茶道，他在位時，北苑貢茶高歌猛進，達到了後世無法逾越的高度。

另外宋徽宗的文筆也十分優美，敘述精準，如本書描寫的「七湯點茶法」，既生動形象，又非常具體，是現代人學習宋朝點茶法的必讀聖經。

序

嘗謂首地而倒生，所以供人求者，其類不一。穀粟之於饑，絲枲[1]之於寒，雖庸人孺子皆知常須而日用，不以時歲之舒迫而可以興廢也。至若茶之為物，擅甌閩之秀氣，鐘山川之靈稟，祛襟滌滯，致清導和，則非庸人孺子可得而知矣。中澹閒潔，韻高致靜，則非遑遽之時可得而好尚矣。本朝之興，歲修建溪之貢，龍團、鳳餅，名冠天下，而壑源之品亦自此而盛。延及於今，百廢俱興，海內晏然，垂拱密勿，幸致無為。縉紳之士，韋布之流，沐浴膏澤，熏陶德化，盛以雅尚相推，從事茗飲。故近歲以來，採擇之精，製作之工，品第之勝，烹點之妙，莫不盛造其極。且物之興廢，固自有時，然亦系乎時之汙隆。時或遑遽，人懷勞悴，則向所謂常須而日用，猶且汲汲營求，惟恐不獲，飲茶何暇議哉！世既累洽，人恬物熙，則常須而日用者，固久厭飫狼籍，而天下之士，勵志清白，兢為閒暇修索之玩，莫不碎玉鏘金，啜英咀華，較筐篋之精，爭鑑裁之別。雖下士於此時，不以蓄茶為羞，可謂盛世之情尚也。嗚呼！至治之世，豈惟人得以盡其材，而草木之靈者，亦得以盡其用矣。偶因暇日，研究精微，所得之妙，後人有不自知為利害者，敘本末列於二十篇，號曰《茶論》。

人和植物不一樣。人是腦袋朝上，往高處長，愈長愈高；植物卻把根扎在地上，往土裡扎，愈扎愈深。雖然說人不同於植物，但是人又離不開植物。不管是在和平年代還是戰爭歲月，餓了都要吃糧食，冷了都要加衣服。這個道理連文盲和小孩子都懂。

茶也是植物，長在山川，吸天地之靈氣，汲日月之精華，它的功效無與倫比。當你著急上火

的時候，一碗茶沖下去，火氣就消了；當你抓耳撓腮的時候，一碗茶沖下去，靈感就來了。由此可見，茶是有靈性的，也是有神性的，這就不是凡夫俗子能明白的道理了。就算他們懂得，也不一定能和茶結緣。為啥？因為喝茶需要條件，首先要填飽肚子，其次要擁有閒暇，假如碰上兵荒馬亂，人人都急著逃命，哪還有工夫去喝茶啊！

自從本朝建立，天下好茶輩出，特別是產自福建建安的貢茶，被能工巧匠製成龍團，製成鳳餅，造型優美，茶香醇厚，真是不可多得的精品。另一方面，本朝太祖、太宗勵精圖治，真宗、神宗善於守成，到了今天，刀槍入庫，馬放南山，人民群眾安居樂業，大家都過上了好日子。一有好茶，二有好日子，喝茶的好時代終於來臨了。

目前我國的茶藝已經達到了巔峰，論製茶之精，論點茶之妙，以往任何一個朝代都比不了。與此同時，本朝喝茶的人數肯定也是空前的，上至朝廷官員，下至普通百姓，幾乎人人都在喝茶。不光喝茶，現在社會上還流行鬥茶，流行比賽，比賽誰的茶葉最香醇，誰的茶具最精緻，誰點茶的手藝最高超。一個人如果不喝茶，一個家庭如果不藏茶，簡直都不好意思出門，這可真是太平盛世的好風氣啊！

太平盛世既要做到人盡其用，也要做到物盡其用。由於研究茶葉是我的愛好，因此有一些心得體會。為了不讓後世茶人在製茶與喝茶的道路上誤入歧途，下面我要寫出二十個短篇，並給它們取一個總名，就叫《茶論》。

地產

植產之地，崖必陽，圃必陰。蓋石之性寒，其葉抑以瘠，其味疏以薄，必資陽和以發之；土之性敷，其葉疏以暴，其味強以肆，必資陰蔭以節之（今圃家皆植木，以資茶之陰）。陰陽相濟，則茶之滋長得其宜。

我先說怎樣種茶。

茶樹的種植範圍很廣，山上石頭縫裡可以種茶，山下莊稼地裡也可以種茶。如果在山上種植，一定要選向陽的地方；如果在山下種植，一定要選背陰的地方。因為山上的石頭比較貧瘠，不能給茶樹提供足夠的營養，假如再不向陽的話，發出來的茶芽會特別單薄，茶味會很淡。而山下的泥土對茶樹而言又過於肥沃了，假如不背陰，茶葉生長過快過猛，來不及培植精華。所以說，在山上種茶要用陽光來促進生長，在山下種茶要用陰涼來節制生長（現在很多茶園裡除了茶樹，還種著其他樹木，就是為了給茶樹遮蔭），如此才有可能培育出適合我們需要的優良茶樹。

天時

茶工作於驚蟄，尤以得天時為急。輕寒，英華漸長，條達而不迫，茶工從容致力，故其色味兩全。若或時暘鬱燠，芽甲奮暴，促工暴力隨稿，晷刻所迫，有蒸而未及壓，壓而未及研，研而未及制，茶黃留積，其色味所失已半。故焙人得茶天為慶。

種茶講究地利，製茶則講究天時。什麼時候最適合製茶？驚蟄前後。驚蟄屬於早春，天氣剛剛回暖，還有點冷，茶芽剛剛發出來，長得很慢，不會突然一下子長成老葉，可以慢慢地採摘和製茶，工匠們從從容容就把工作完成了。要是等到暮春時節，溫度驟然升高，茶葉瘋了似地生長，工人急得加班摘採，沒日沒夜地加工，不是在採茶時把茶芽弄斷，就是在蒸青時把茶芽蒸爛。蒸完青還沒來得及壓榨呢，茶就壞了，好好的茶芽全給糟蹋了。想不急，就得在驚蟄時候開工。

採擇

擷茶以黎明，見日則止。用爪斷芽，不以指揉，慮氣汗熏漬，茶不鮮潔。故茶工多以新汲水自隨，得芽則投諸水。凡芽如雀舌、穀粒者為斗品，一槍一旗為揀芽，一槍二旗為次之，餘斯為下。茶之始芽萌則有白合，既擷則有烏蒂[1]，白合不去害茶味，烏蒂不去害茶色。

只記住驚蟄採茶還遠遠不夠，採茶的學問大著呢！

第一，必須在黎明時分採摘，太陽一出來就收工。

第二，必須用指甲尖去掐，千萬別用指腹把它捏斷，因為茶芽非常細嫩，你一捏，它就不成形了，而且皮膚上的髒東西也會滲到嫩芽裡去。

第三，採茶時最好隨身攜帶一桶乾乾淨淨的山泉，每採一枚茶芽，就把它放到泉水裡浸著。

現在我們來給茶分分級。有的茶芽非常小、非常嫩，像麻雀的舌頭、穀子的顆粒，這是最高級的茶；有的茶芽旁邊已經長出一枚茶葉，這叫「一槍一旗」，又叫「揀芽」，是次一級的茶；有的茶芽旁邊長出了兩枚茶葉，這叫「一槍二旗」，是更次一級的茶。當然，還有的全是茶葉，沒有茶芽，這種茶在貢茶裡面屬於下下級，不到迫不得已，不會用它做貢茶。

茶工一邊採茶，還要一邊檢查，對茶芽進行簡單處理。有些茶芽外面還包著兩片嫩葉，那叫「白合」，要輕輕剝掉；有些茶芽的梗基已經氧化變暗，那叫「烏蒂」，要輕輕掐掉。如果不剝掉白合，會損害茶湯的味道；如果不掐掉烏蒂，會損害茶湯的色澤。

蒸壓

茶之美惡，尤系於蒸芽、壓黃之得失。蒸太生則芽滑，故色清而味烈，過熟則芽爛，故茶色赤而不膠，壓久則氣竭味漓，不及則色暗味澀。蒸芽欲及熟而香，壓黃欲膏盡急止。如此，則製造之功十已得七八矣。

茶的好壞，蒸青和壓黃可以說是最關鍵的環節。蒸青講究火候，不能蒸得太生，也不能蒸得太熟。蒸得太輕的話，茶湯的顏色會太淡，而且茶香出不來；蒸得太熟的話，茶芽會爛掉，茶湯的顏色會發紅，而且很難壓製成型。

壓黃講究輕重適度，時間不能太長，也不宜過短。壓榨時間過短，會殘留很多水分，不耐存放；壓榨時間過長，會把茶芽和茶葉裡的精華也給壓榨出去，水分沒了，茶香也沒了。

到底怎樣才能把握住蒸青的火候和壓黃的輕重呢？其實全靠茶工的經驗。這種經驗不是一朝一夕就能掌握的，需要不斷摸索和不斷總結。一旦熟悉出蒸壓的火候和輕重，製茶工藝就掌握了百分之七八十了。

製造

滌芽惟潔，濯器惟淨，蒸壓惟其宜，研膏惟熟，焙火惟良。飲而有少砂者，滌濯之不精也；文理燥赤者，焙火之過熟也。夫造茶，先度日晷之短長，均工力之眾寡，會採擇之多少，使一日造成，恐茶過宿，則害色味。

蒸青之前，要求漂洗得十分乾淨，所有的製茶工具也要清理得乾乾淨淨。蒸青要求火候恰當，壓黃要求輕重適宜，烘焙則要求用最好的炭火。最好的炭火沒有異味也沒有煙塵，否則茶的香味和品相都會受汙染。成品茶一到手，如果茶湯讓人感覺牙磣，那是因為製茶的時候沒有洗淨；如果茶磚顯露出紅色的裂紋，那是因為烘焙的時候炭火過猛。

高手製茶，向來都是當天採摘，當天蒸壓，當天烘焙，當天成型，所有工序在一天之內全部完成，絕不讓茶芽過夜，否則會影響到成品茶的外觀和風味。

鑑辨

茶之範度不同，如人之有首面也。膏稀者，其膚蹙以文；膏稠者，其理歛以實；即日成者，

其色則青紫；越宿製造者，其色則慘黑。有肥凝如赤蠟者，末雖白，受湯則黃；有縝密如蒼玉者，末雖灰，受湯愈白。有光華外暴而中暗者，有明白內備而表質者，其首面之異同，難以概論。要之，色瑩徹而不駁，質縝繹而不浮，舉之凝結，碾之則鏗然，可驗其為精品也。有得於言意之表者，可以心解。又有貪利之民，購求外焙已採之芽，假以製造；碎已成之餅，易以範模。雖名氏採製似之，其膚理、色澤何所逃於鑑賞哉！

人上一百，形形色色，茶也是如此。

鑑別成品茶，要先看紋理：有的茶磚裂出細紋，那是因為壓黃不夠，茶膏太稀；有的茶磚皺巴巴，那是因為壓黃過度，茶膏太稠。

然後再看顏色：有的茶磚顏色青紫，那是當天製造的，非常新鮮；有的茶磚顏色烏黑，說明採完茶沒有及時加工，茶葉變了質。

我們不能完全憑藉一個人的外觀來判斷他是好人還是壞人，同樣也不能完全憑藉一塊茶磚的紋理和顏色來判斷它是好茶還是壞茶。比方說，有的茶磚看起來非常漂亮，造型好，顏色好，潔白如玉，泛著蠟光，可是拿去一沖泡就現形了，茶湯黃兮兮的，難看又難喝；有的茶磚看起來不太起眼，顏色有些發暗，與落了一層灰似的，可是用沸水點勻以後，茶湯又稠又白，和牛奶一樣。

怎樣才能判斷一塊茶磚是不是上等貨呢？難道非要掰開揉碎泡一泡才能知道嗎？也未必。根據我的經驗，優質茶磚一是泛光，二是厚實，拿著沉甸甸的，輕輕敲一下，能聽到清脆的金屬聲，這一般都是好茶。現在市面上充斥著奸商製造的假冒偽劣茶，把好茶包在外面，把劣茶藏在裡面，重新壓製，真假難辨。但是只要仔細辨別，它們的密度和光澤和正品貨還是有細微區別的。關鍵在於留心，只要留心，一切假冒偽劣統統逃不出我們茶人的法眼。

白茶

白茶自為一種，與常茶不同，其條敷闡，其葉瑩薄，崖林之間，偶然生出，雖非人力所可致，有者不過四、五家，生者不過一、二株，所造止於二、三銙而已。芽英不多，尤難蒸培，湯火一失，則已變而為常品。須製造精微，運度得宜，則表裡昭徹，如玉之在璞，它無與倫也。淺焙亦有之，但品不及。

本朝還有一種茶是用白茶加工的，特別稀少，很難遇見。

白茶是一種非常稀缺的茶，它的茶芽是直的，葉片是透明的。這是一種野生茶，不能人工培植，全國只有四、五處出現，每處只有一、兩棵，每棵白茶所能製造的貢茶最多只有兩、三枚而已。

白茶每年發出的茶芽極少，而且不容易蒸青和烘焙，火候稍微過了點兒，它特有的清香就消失了。但是只要製造得法，可以用它製成晶瑩剔透的茶磚，半透明，像璞玉一樣，這是任何一種茶都比不上的。現在能加工白茶的茶廠大多集中在福建建安的北苑，北苑附近的茶廠也能製造，但是在品質上離北苑可就差遠了。

羅碾

碾以銀為上，熟鐵次之，生鐵者非掏揀捶磨所成，間有黑屑藏於隙穴，害茶之色尤甚。凡碾為制，槽欲深而峻，輪欲銳而薄。槽深而峻，則底有准而茶常聚；輪銳而薄，則運邊中而槽不戛。羅欲細而面緊，則絹不泥而常透。碾必力而速，不欲久，恐鐵之害色。羅必輕而平，不厭數，庶已細青不耗。惟再羅則入湯輕泛，粥面光凝，盡茶之色。

碾磨茶粉時需要用到茶碾。從材質上講，現在有金茶碾、銀茶碾、鐵茶碾、石茶碾，銀茶碾用起來最適合。如果沒有銀茶碾，也可以用鐵茶碾，但是必須用熟鐵製造的茶碾，千萬別用生鐵。為啥？生鐵表面有黑色氧化物，一旦混入茶粉裡，會嚴重影響到茶湯的顏色。

茶碾包括碾槽和碾輪，碾槽要深，碾輪要薄，因為碾槽淺了會讓茶末飛濺出去，碾輪寬了會把茶梗殘留下來。另外碾茶的時候必須快而有力，盡快把茶碾碎，因為碾的時間長了，茶碾上的鐵粉或者石粉一定會混入茶粉中去。將茶磚碾成粉以後，還需要用茶羅過濾一下，把碾不碎的茶梗和粗茶過濾出去。茶羅當然是愈細愈好，過濾的次數當然是愈多愈好。茶羅愈細，過濾的次數愈多，茶粉就愈細，點出來的茶湯也就愈好，茶粉與熱水完全交融，茶乳泛到水面上，乳白的茶湯散發著細密的珠光，非常好看。

盞

盞色貴青黑，玉毫條達者為上，取其煥發茶採色也。底必差深而微寬，底深則茶宜立而易於取乳，寬則運筅旋徹不礙擊拂。然須度茶之多少，用盞之大小。盞高茶少，則掩蔽茶色；茶多盞小，則受湯不盡。盞惟熱，則茶發立耐久。

茶碗的顏色則以青黑為最佳。本朝出產一種「兔毫盞」，釉色青黑，內壁密密麻麻全是兔毛一般的細紋，這樣的茶碗造型古樸，散熱很慢，同時又能襯托出茶湯的潔白和光亮。

茶碗的底要深，口要寬。碗底深，便於調製茶膏[2]；碗口寬，便於攪動茶筅。

茶碗的大小要適宜，視茶湯的多少而定。茶湯太少，茶碗太大，茶色顯不出來；茶湯太多，

茶碗太小，根本裝不下。

點茶之前，最好將茶碗預熱一下，這樣能讓茶粉和茶水迅速交融，並讓茶沫長久聚集於茶湯表面，不至於很快消散。

筅

茶筅以觔竹老者為之，身欲厚重，筅欲疏勁，本欲壯而末必杪，當如劍脊之狀。蓋身厚重，則操之有力而易於運用；筅疏勁如劍脊，則擊拂雖過而浮沫[3]不生。

點茶須用茶筅，茶筅是用竹子做的，用什麼竹子才好呢？我覺得凡是能加工筷子的竹子都適合加工茶筅。竹子老一些、韌一些、質地緻密一些，拿來加工茶筅剛剛好。

茶筅分成筅身和筅尾兩部分，筅身要堅韌而厚重，筅尾要堅韌而稀疏。我們可以把茶筅比作一棵樹，筅身猶如樹身，以粗壯為佳；筅尾猶如樹枝，以勁直為佳，每一根筅尾都應該形如寶劍的劍脊。筅身厚重，點茶就有力，而且便於運用；筅尾稀疏、堅韌，如同劍脊，才能打出均勻的茶湯，而不會打出稀疏的水泡。

瓶

瓶宜金銀，小大之制，惟所裁給。注湯害利，獨瓶之口嘴而已。嘴之口差大而宛直，則注湯力緊而不散；嘴之末欲圓小而峻削，則用湯有節而不滴瀝。蓋湯力緊則發速有節，不滴瀝則茶面不破。

點茶須用熱水，燒水的壺叫作「湯瓶」，有多種材質，其中金湯瓶和銀湯瓶比較合用。湯瓶的容量不固定，看你準備點多少茶，點茶多，那你用大壺，點茶少，那就換小壺。湯瓶的壺嘴非常關鍵，壺嘴要細，要長，還要平直。水一旦燒開，直接提著湯瓶往茶碗裡注水，壺嘴又長又直又細又圓，倒茶的時候才不會水花四濺，又不會淅淅瀝瀝，把茶湯表面凝聚的茶沫給沖散。

杓

杓之大小，當以可受一盞茶為量，過一盞則必歸其餘，不及則必取其不足。傾勺煩數，茶必冰矣。

茶勺[4]不宜過大，它的容量最好和茶碗差不多，倒一勺水，剛好能把茶碗注滿。如果茶勺過

大，水會浪費；如果茶勺過小，還需要再舀一勺，反反覆覆舀幾回，水就涼了。

水

水以清輕甘潔為美。輕甘乃水之自然，獨為難得。古人品水，雖曰中泠、惠山為上，然人相去之遠近，似不常得，但當取山泉之清潔者，其次，則井水之常汲者為可用。若江河之水，則魚鱉之腥，泥濘之汙，雖輕甘無取。凡用湯以魚目、蟹眼，連繹並躍為度，過老則以少新水投之，就火頃刻而後用。

點茶自然需要淨水，除了乾淨，還要輕軟，愈輕愈好，水裡的雜質愈少愈好。

古人論茶，以中泠泉和惠山泉為第一，但是這兩眼泉水離我們太遠，不容易得到。在我看來，只要是乾淨無毒的泉水就可以了，如果沒有泉水，也可以用井水。有些茶人推崇江河之水，用什麼「江心水」來點茶，這真是大錯特錯。江河之水雜質太多，魚鱉的糞便、腐爛的水草、腥臭的泥沙，全混在裡面了，這種水怎麼能用呢？就算是喝起來很軟、很甜也不能用它來點茶，因為太髒了。

點茶要燒水，燒到水面上咕嘟咕嘟連續泛出魚眼和蟹眼一樣的小氣泡就行了。如果煮得過久，氣泡會散開，水面像波浪一樣上下翻騰，這時候必須加一勺涼水稍微再燒一會兒，直到再泛出魚眼狀的氣泡，然後才可以點茶。

點

點茶不一，而調膏繼刻，以湯注之，手重筅輕，無粟文蟹眼者，調之「靜面點」。蓋擊拂無力，茶不發立，水乳未浹，又復增湯，色澤不盡，英華淪散，茶無立作矣。有隨湯擊拂，手筅俱重，立文泛泛，謂之「一發點」。蓋用湯已故，指腕不圓，粥面未凝，茶力已盡，雲霧雖泛，水腳易生。妙於此者，量茶受湯，調如融膠，環注盞畔，勿使侵茶，勢不砍猛，先須攪動茶膏，漸加周拂，手輕筅重，指繞腕旋，上下透徹，如酵蘖之起面，疏星皎月，燦然而生，則茶之根本立矣。第二湯自茶面注之，周回一線，急注急上，茶面不動，擊指既力，色澤慚開，珠璣磊落。三湯多置，如前擊拂，漸貴輕勻，同環旋復，表裡洞徹，粟文蟹眼，泛結雜起，茶之色十已得其六七。四湯尚嗇，筅欲轉稍寬而勿速，其清真華彩，既已煥發，雲霧漸生。五湯乃可少縱，筅欲輕勻而透達，如發立未盡，則擊以作之，發立已過，則拂以斂之，結浚靄，結凝雪，茶色盡矣。六湯以觀立作，乳點勃結則以筅箸緩繞拂動而已。七湯以分輕清重濁，相稀稠得中，可欲則止，乳

霧洶湧，溢盞而起，周迴旋而不動，謂之「咬盞」，宜勻其輕清浮合者飲之。《桐君錄》曰：「茗有餑，飲之宜人，雖多不為過也。」

點茶沒有固定不變的方法，關鍵在於調膏和注水。什麼是調膏？就是把茶粉放到碗底，先加少許熱水，用茶筅攪勻，攪和得很稠很稠的米糊似的。調出茶膏，緊接著要注入更多的熱水，同時用茶筅攪拌敲擊，讓茶糊迅速稀釋。

有一種錯誤的點茶法叫「靜面點」，點出來的茶湯平鋪直敘，沒有一點兒雲腳，雖然也能形成茶沫，但是茶沫太小，沒有像穀粒和蟹眼一樣細密的紋路。這是因為攪拌的速度太慢，動作太輕，茶沫沒有堆積起來。

還有一種錯誤的點茶法叫「一發點」，茶湯表面現出了紋路，但是稍瞬即逝，不能持久。這是因為攪拌時手太重了，茶筅又太慢了。

正確的點茶法是這樣的：調出茶膏，開始續水，續水的速度先慢後快，攪拌的力度先輕後重，熟練地運用腕力和指力，往同一個方向旋轉著攪拌，一邊攪拌，一邊上下敲擊。如此點茶，茶湯才是均勻的，茶乳才會浮到最頂層，茶湯表面才會形成久久不散的細點和花紋，就像盛夏之夜的星空一般好看。當然，不但好看，而且還特別好喝。

為了打出完美的茶沫，注水需要分七次完成。

第一次續水（第二湯）應該直接注向茶碗的中央，水流的方向和茶湯表面相垂直，一邊注水，一邊旋轉水壺的壺嘴，注水要急，收壺要猛，攪拌要用力，使茶湯顏色從淡到濃，像一粒粒珍珠泛出水面。

第二次續水（第三湯），攪拌一樣要用力，但是注水的力度要輕，先注碗底，再注四周，好像用水流在茶碗裡畫出一系列大小不等的同心圓一樣。這時候茶湯的顏色已經沒有第二碗那麼濃了，茶湯的紋路從碗底泛出水面，細如穀粒，大如蟹眼。

第三次續水（第四湯）要少，半碗即可，攪拌要慢，使茶湯表面呈現出雲霧一般的紋理。

第四次續水（第五湯），水量可以增加，攪拌速度要更慢，貼著碗底攪，如果碗底的茶糊泛不上來，就用茶筅上下敲擊；如果碗底的茶糊全泛上來了，就用茶筅在茶湯表面來回攪動，使茶糊均勻融合，調出的茶湯會呈現出霧靄一般的紋路、積雪一般的光澤。

第五次續水（第六湯）之後，別急著攪，視茶糊的形狀而定，如果像結了塊的牛奶，星星點點散布水面，就用茶筅或者筷子轉著圈攪動，可以順時針，也可以逆時針，直到茶糊完全散開。

第六次續水（第七湯）是最後一次，此時沒有固定手法，全看碗底茶糊的剩餘量和茶湯的濃

度而定，如果茶湯仍然很濃，茶筅攪拌費力，俗稱「咬盞」，那就另外點一碗較淡的茶湯，和這碗濃茶混合一下。

無論多麼愛茶的人，喝完這七碗茶湯也就差不多了。記得《桐君錄》上說過：「茗有餑，飲之宜人，雖多不力過也。」茶可以泡出濃濃的泡沫，那對人體是有益的，但是再有益的東西也不宜飲用太多。

味

夫茶以味為上。香甘重滑，為味之全，惟北苑、壑源之品兼之。其味醇而乏風骨者，蒸壓太過也。茶槍乃條之始萌者，木性酸，槍過長，則初甘重而終微澀；茶旗乃葉之方敷者，葉味苦，旗過老，則初雖留舌而飲徹反甘矣。此則芽銙有之，若夫卓絕之品，真香靈味，自然不同。

喝茶喝的是味道，什麼樣的茶味才是最好的？因人而異。不過大多數人都認同這一點：又甜又香，又厚又滑，這才是最好的茶味。在本朝所有產茶之地當中，能同時達到要求的，只有位於建安的鳳凰山與壑源山這兩個地方，別的地方都不行。

有的茶很香、很甜，可是不夠醇厚，那是因為蒸青過熟、壓黃過度，導致茶芽裡的精華流失太多的緣故。茶芽是沒有開面的茶葉，俗稱「茶槍」，它的味道是甜中帶酸，酸中又帶澀。如果純用茶槍來製茶，剛開始喝起來會很甜，但是喝到最後會感到苦澀。茶槍開面以後叫做「茶旗」，它的味道苦澀，特別是老葉就更苦了，但是用老葉製成的茶先苦後甜，回甘迅猛。不過我說的都是用普通茶葉製成的茶磚，不能一概而論，像那些非常罕見的珍稀茶種，茶槍與茶旗都能獨當一面，都能做出香醇甘滑的好茶。

香

茶有真香，非龍麝可擬。要須蒸及熟而壓之，及乾而研，研細而造，則和美具足，入盞則馨香四達，秋爽灑然。或蒸氣如桃人夾雜，則其氣酸烈而惡。

茶的香味非常獨特，和麝香的香和龍涎香的香都不一樣，我把這種香味稱為「真香」。要想讓茶的真香散發出來，就需要把好採茶與製茶的每一道關口，蒸青要到位，壓黃要到位，烘焙要恰到好處，烘乾之後再研磨成細細的茶粉，然後才可以點成香氣撲鼻、紋路清爽的好茶。但是如果蒸青不熟，會有桃仁氣味夾雜進去，點出茶來真是又酸又苦，難以下嚥。

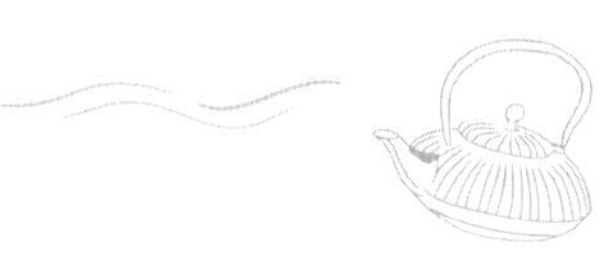

色

點茶之色，以純白為上真，青白為次，灰白次之，黃白又次之。天時得於上，人力盡於下，茶必純白。天時暴暄，芽萌狂長，採造留積，雖白而黃矣。青白者蒸壓微生，灰白者蒸壓過熟。壓膏不盡，則色青暗。焙火太烈，則色昏赤。

茶湯的顏色以純白為最佳，其次則以青白為美，再其次以灰白和黃白為美，其他顏色都不足取。怎樣才能保證茶湯純白呢？需要天時、地利、人和。茶樹的品種要優良，此之謂天時。茶樹生長的地段要適宜，此之謂地利。製茶和點茶的工藝要科學，此之謂人和。採茶不及時，蒸青不及時，茶湯會泛黃。蒸青過熟，壓黃過猛，茶湯會發灰。蒸青過生，壓黃過輕，茶湯會發青。而如果烘焙時間太長的話，茶湯又會發紅。

藏焙

數焙則首面乾而香減，失焙則雜色剝而味散。要當新芽初生即焙，以去水陸風溼之氣。焙用熱火置爐中，以靜灰擁合七分，露火三分，亦以輕灰糝覆，良久即置焙簍上，以逼散焙中潤氣。

然後列茶於其中，盡展角焙，未可蒙蔽，候火速徹覆之。火之多少，以焙之大小增減。探手中爐，火氣雖熱，而不至逼人手者為良。時以手挼茶，體雖甚熱而無害，欲其人力通徹茶體爾。或曰：「焙火如人體溫，但能燥茶皮膚而已。」內之溼潤未盡，則復蒸矣。焙畢，即以用久竹漆器中緘藏之，陰潤勿開，終年再焙，色常如新。

茶磚製成以後，如果要長期存放，必須時不時地拿出來用炭火焙一焙，以免變質。焙茶次數過多，茶磚表層的油脂被烤乾，茶香會減弱；該焙茶的時候不焙烤，茶磚又會變色，茶味也會變得單薄。新茶剛出，最好先焙一次，去去內外的潮氣。

焙茶對炭火最為講究：把木炭燃著，放到爐子裡，先讓它慢慢燃燒，燒到沒有一點兒煙氣的時候，再找一盆白色的炭灰，均勻地壓在炭火之上，炭灰的厚度約有七分厚，使明火最多出露三分，然後再覆蓋上一層薄薄的炭灰，最後才能把裝有茶磚的焙籠架上去烘焙。烘焙的時候及時調整焙籠的角度，使每一枚茶磚都能接觸到同樣的火力，待到茶磚內外乾透，立即封住炭爐，停止烘焙。炭的多少取決於焙茶的多少，需要烘焙的茶磚多，就多備一些炭，否則就少備一些，以免浪費。火的熱度不宜高，把手伸進爐中，能感到熱，但不至於把手燒傷。將手烤熱以後，最好用手翻動茶磚，透過手的熱度來給茶磚加熱，以便縮短焙茶的時間。

有人說：焙茶的溫度不宜過高，像人的體溫一樣就可以了。我覺得這種說法很有道理。不要擔心炭火溫度過低，焙不透的話，再焙一次就可以了。焙完了，用乾透並漆過的竹製茶罐來存放，陰雨天氣不要取用，以免受潮。到了天氣乾燥的時候，別忘了再拿出來焙一焙，每年烘焙兩次以上，茶不會變質，永遠和新茶一樣。

品名

名茶各以聖產之葉地。如葉耕之平園、臺星岩，葉剛之高峰、青鳳髓，葉思純之大嵐，葉嶼之屑山，葉五崇柞之羅漢、上水、桑芽，葉堅之碎石窠、石臼窠，葉瓊、葉輝之秀皮林，葉師復、師貺之虎岩，葉椿之無雙岩芽，葉懋之老窠園，各擅其美，未嘗混淆，不可概舉。後相爭相鬻，互為剝竊，參錯無據，不知茶之美惡，在於製造之工拙而已，豈崗地之虛名所能增減哉？焙人之茶，固有前優而後劣者，昔負而今勝者，是亦園地之不常也。

本朝茶品甚多，琳琅滿目，產地也有很多很多。

福建鳳凰山以葉姓茶園最為有名，例如葉耕的平園和臺星岩，葉剛的高峰和青鳳髓，葉思純的大嵐，葉嶼的屑山，葉五（又名葉崇柞）的羅漢、上水和桑芽，葉堅的碎石窠和石臼窠，葉瓊、葉輝的秀皮林，葉師復和葉師貺兄弟倆的虎岩，葉椿的無雙岩芽，葉懋的老窠園等，不下十餘處。

這些葉姓茶園本來各有各的特色，各有各的手藝，後來惡性競爭，互相剽竊，現在已經分不清真正的產地和源頭了。其實茶品的品質關鍵是選茶的態度和製造的工藝來決定，光靠產地和品牌有什麼用呢？就拿我前面提到的那些葉姓茶園來說吧，有的過去造不出好茶，現在能造了；有的過去茶品優越，現在卻非常低劣。茶園沒有變化，茶品變了，說明產地並不代表一切。

外焙

世稱外焙之茶，臠小而色駁，體耗而味淡，方正之焙，昭然則可。近之好事者，篋笥之中，往往半之蓄外焙之品。蓋外焙之家，久而益工，製造之妙，咸取則於壑源，效像規模，摹外為正，殊不知其脊雖等而蔑風骨，色澤雖潤而無藏蓄，體雖實而縝密乏理，味雖重而澀滯乏香，何所逃乎外焙哉？雖然，有外焙者，有淺焙者。蓋淺焙之茶，去壑源為未遠，制之能工，則色亦瑩白，擊拂有度，則體亦立湯，惟甘重香滑之味，稍遠於正焙爾。於治外焙，則迎然可辨。其有甚者，又至於採柿葉、桴檻之萌，相雜而造。時雖與茶相類，點時隱隱如輕絮，泛然茶面，粟文不

生，乃其驗也。桑苧翁曰：「雜以卉莽，飲之成病。」可不細鑑而熟辨之。

目前建安茶分為兩種，一種叫「正焙」，一種叫「外焙」。正焙在鳳凰山裡，外焙在鳳凰山外。人們常說外焙在品質上不如正焙，茶磚的個頭太小，顏色也太雜，茶味比較單薄，這種說法基本上是對的。

但是我們必須注意到，外焙也有它的優勢，首先是價格便宜，其次是容易買到。外焙也在不停地學習和改進，近些年外焙的某些產品幾乎已經能和正焙相媲美了，所以有些得不到正焙的茶人喜歡用外焙的茶磚來冒充正焙。

在我看來，外焙的美譽度之所以不如正焙，主要還不是因為手藝不行，而是因為奸商太多，敗壞了外焙的名聲。某些人為了降低成本，竟然用柿葉冒充茶葉，用苦丁樹的葉子冒充茶葉，你買一塊茶磚，裡面一半是柿葉和苦丁葉，聞著味道和茶葉差不多，點茶的時候卻能泡出一坨像棉絮一樣的東西。

茶聖陸羽當年說過：「茶葉必須乾淨，不能摻入假貨，否則喝了會鬧肚子的。」為了不鬧肚子，以後大家買茶的時候還是擦亮眼睛吧。

註釋

1 枲，音ㄒㄧˇ，紡織原料。

2 很多版本寫作「烏帶」、「烏帶」，而據南宋趙汝礪《北苑別錄》：「白合，乃小芽有兩葉抱而生者是也。烏蒂，茶之蒂頭是也。」可知「烏蒂」是正確寫法。烏者，黑也；蒂者，根也。所謂烏蒂，是指茶葉根部的黑蒂。

3 此處「茶膏」指的是茶粉與少量熱水混合而成的茶糊。宋人點茶，先注入少量熱水，調出茶糊，然後再注入更多熱水，使茶糊均勻稀釋，進而打成茶湯。

4 宋人點茶要打出厚厚的茶沫，此處的「浮沫」並非細密的茶沫，而是稀疏的水泡，水泡會影響茶沫的形成。

5 茶勺在這裡的作用是量水和舀水，燒水點茶之前，事先用茶勺量出一碗茶的水量，從甕中舀取等量的水，倒進水壺。

熊蕃、熊克《宣和北苑貢茶錄》

校錄自涵芬樓百卷本《說郛》第六十卷，以四庫全書本參校。此書初寫於宋徽宗宣和四年（一〇二二年），完成於宋高宗紹興二十八年（一一五八年），刊刻於宋孝宗淳熙九年（一一八二年），由熊蕃、熊克父子共同完成。從行文語氣及文中稱謂可以判斷出來，熊蕃先寫了前編，在他亡故後約二十年，熊克續寫了後編。

前編

陸羽《茶經》、裴汶《茶述》者，皆不第建品，說者但謂二子未嘗至建，而不知物之發也固自有時，蓋昔者山川尚閉，靈芽未露。至於唐末，然後北苑出為之最。是時偽蜀1辭臣毛文錫2作《茶譜》，第言建有紫筍，而臘面乃產於福。

陸羽寫《茶經》，裴汶3寫《茶述》，都不提建安茶。

評論家說這是因為陸、裴二人沒到過建安。事實上，即使陸羽和裴汶到過建安，也看不到建安茶，因為當時建安尚不產茶。天底下無論什麼事物，都不是一開始就有的，必須到了合適的時機才會出現。直到唐朝末年，建安鳳凰山的茶園才聲名鵲起。又到了五代十國時期，前蜀政權的文學官員毛文錫寫《茶譜》，才開始說建州出「紫筍」茶，福州出「臘面」茶。

五代之季，建屬南唐，歲率諸縣民採茶北苑，初造「研膏」，既造「臘面」，既又制其佳者號「京鋌」。

五代後期，建州歸南唐管轄，南唐朝廷派建州各縣農民採茶於建安北苑，專製貢茶。剛開始造了一批「研膏」茶，後來又造「臘面」茶，再後來又選用最好的茶葉製造「京鋌」茶。

聖朝開寶末，下南唐，太平興國初特置龍鳳模，遣使即北苑，造團茶，以別庶飲，「龍鳳茶」蓋始於此。又一種茶，藂（讀音同「叢」）生石崖，枝葉尤茂，至道初，有詔造之，別號「石乳」。又一號「的乳」，又一種號「白乳」。蓋自龍鳳與京、石、的、白四種紹出，而臘面降為下矣。

本朝太祖開寶末年（九七五年），我軍征服南唐，建安歸於大宋。太平興國初年（九七六年），太宗皇帝特造龍鳳茶模，派欽差去北苑監造御用茶餅，以便和普通人喝的茶有所區別，後來舉世聞名的「龍茶」和「鳳茶」就是這麼來的。建安還有一種茶樹，叢生於石崖之上，枝葉茂

盛，太宗皇帝在至道初年（九九五年）下詔，用它加工「石乳」茶、「的乳」茶和「白乳」茶。自從龍鳳茶與京鋌、石乳、的乳、白乳等新款貢茶問世以後，傳統臘面茶的地位就一落千丈了。

> 蓋龍、鳳等茶皆太宗朝所製，至咸平初，丁晉公漕閩[4]，始載之於《茶錄》。慶曆中，蔡君謨將漕，創「小龍團」以進，被旨，仍歲貢之。自小團出，龍鳳遂為次焉。元豐間，有旨造「密雲龍」，其品又加於小龍團之上。紹聖間，改為「瑞雲翔龍」。至大觀初，今上[5]又親制《茶論》二十篇，以「白茶」者與常茶不同，偶然出，非人力可致，於是白茶遂為第一。（四庫全書本補注：慶曆初，吳興劉異為《北苑拾遺》云：「官園中有白茶五六株，而壅培不甚至，茶戶唯有王免者，家一巨株，向春常造浮屋以障風日。」其後有宋子安[6]者作《東溪試茶錄》，亦言白茶民間大重，出於近歲，芽葉如紙，建人以為茶瑞。則知白茶可貴自慶曆始，至大觀而盛也。）既而又制之「已細茶」及「試新銙」、「貢新銙」，自三色出，而瑞雲翔龍又為下矣。

雖然龍鳳等茶都是太宗朝創製的，但是沒有專書記載。真宗皇帝咸平初年（九九八年），大臣丁謂去福建當轉運使，龍團、鳳團、石乳、白乳等名號才被寫入他所撰寫的《茶錄》一書。仁宗皇帝慶曆年間（一〇四一年～一〇四八年），蔡襄任福建轉運使，創製「小龍團」進奉，頗受仁宗好評，遂下詔年年進貢。自從小龍團問世，龍鳳茶的地位一落千丈。元豐年間（一〇七八年～一〇八五年），神宗皇帝下令製造「密雲龍」，這款貢茶的品質又超過了小龍團。紹聖年間（一〇九四年～一〇九七年），哲宗皇帝改密雲龍為「瑞雲翔龍」。到了大觀初年（一一〇七年），今上親自撰寫《茶論》二十篇，將「白茶」的名次排在所有貢茶之上，原因是出產白茶的茶樹既稀少又嬌貴，如果上天不幫忙，僅靠人力是造不出來的。（四庫全書本補注：仁宗皇帝慶曆初年，蘇州人劉異在《北苑拾遺》中寫道：國營茶園裡有五六棵白茶樹，可惜沒有被精心保護。有一個茶農名叫王免，他家有一棵很大的白茶樹，每年春天一到，王免就為這棵樹蓋一座懸空的房屋，以便遮擋大風和烈日。後來有一個名叫宋子安的人寫《東溪試茶錄》，也說民間茶農近年來非常看重白茶，它的茶芽和茶葉像紙一樣薄，以至於被建安人當成祥瑞來敬拜。由此可見，白茶被世人推崇是從慶曆年間開始的，在大觀年間達到頂峰。）繼白茶之後，建安貢茶又出三款新茶，即「已細茶」、「試新銙」、「貢新銙」。這三款茶問世後，瑞雲翔龍又成了下品。

凡茶芽數品，上品者曰「小芽」，如雀舌、鷹爪，以其勁直纖挺，故號「芽茶」。次曰「揀芽」，乃一芽帶一葉者，號「一槍一旗」。次曰「中芽」，乃一芽帶兩葉，號「一槍兩旗」。其帶三葉、四葉，皆漸老矣。

按照茶芽的鮮嫩程度及所占比例，我們可以把茶分成如下等級：特級茶為「小芽」，細嫩如

雀舌，形狀如鷹爪，剛剛萌發，尚未舒展，又尖又細又挺，雖是茶葉，但不像葉子，更像嫩芽，故名「芽茶」；一級茶為「揀芽」，即一枚茶芽帶一片茶葉，號稱「一槍一旗」；二級茶為「中芽」，即一枚茶芽帶兩片茶葉，號稱「一槍兩旗」。如果一枚茶芽居然帶有三片、四片葉子，就加工貢茶而言，已經屬於不入流的老茶了。

芽茶早春極少。景德中，建守周絳為《補茶經》，言芽茶只作早茶，馳奉萬乘嘗之可矣，如一槍一旗可謂奇茶矣，故一槍一旗號「揀芽」，最為挺特光正。舒王[7]送人閩中，詩云「新茗齋中試一旗」，謂揀芽也。或者乃謂茶芽未展為槍，已展為旗，指舒王此詩為誤，蓋不知有所謂揀芽也。夫揀芽尤貴重如此，而況芽茶以貢天子之新嘗者乎！

作為特級茶的芽茶只有在早春才能碰到，數量極少。真宗皇帝景德年間（一〇〇四年～一〇〇七年），建州知州周絳寫《補茶經》，說芽茶專門用來製造頭批貢茶，不遠萬里送給皇上享用，普通人完全沒有這個口福。對老百姓來講，想買一槍一旗的茶葉都未必有機會，故此一槍一旗會被稱為「揀芽」，它是茶人心目中最挺直、最特異、最光滑、最正品的茶。當年王安石送人去福建，詩中有一句「新茗齋中試一旗」，指的就是揀芽。有人說沒開面的茶芽為「槍」，已開面的茶葉為「旗」，王安石「新茗齋中試一旗」，試的是茶葉，並非茶芽，我估計說這話的人應該沒有見過一槍一旗的揀芽。連揀芽都如此貴重，如此少見，何況是每年初春獻給天子享用的芽茶呢？

芽茶絕矣，至於「水芽」，則曠古未之聞也。宣和庚子歲，漕臣鄭公可簡[8]始創為「銀線水芽」。蓋將已揀熱芽再剔去，只取其心一縷，用珍器貯清泉漬之，光明瑩潔，若銀線然，以制方寸新銙[9]，有小龍蜿蜒其上，號「龍團勝雪」。又廢白、的、石乳，鼎造花銙二十餘色。初貢茶皆入龍腦，至是慮奪其真味，始不用焉。

芽茶已經到了絕妙的地步，至於水芽，那更是曠古未聞的奇茶。今上[10]宣和三年（一一二一年），福建轉運使鄭可簡始創「銀線水芽」：將芽茶蒸青之後，趁熱剝掉外面那層薄薄的芽膜，只留中間的一縷芽心，用貴重的容器貯滿清泉，把芽心放入水中浸泡，只見芽心晶瑩透亮，像銀線一般。用這種茶來加工茶餅，四四方方，邊長一寸，上面印著一條彎彎曲曲的小龍，美其名曰「龍團勝雪」。與此同時，鄭可簡廢除白乳、的乳、石乳這三種舊式貢茶，增添了二十多種新式貢茶。以前的貢茶多摻龍腦，到了鄭可簡這一任，為了避免茶香受到汙染，所有的貢茶都不再添加龍腦。

蓋茶之妙，至龍團勝雪極矣，故合為首冠。然猶在白茶之次者，以白茶為上之所好也。

自從龍團勝雪問世，茶之精妙終於達到了極限，所以龍團勝雪應該穩坐成品茶的第一把交

椅。但是如今貢茶仍以白茶為第一，這主要是因為今上喜歡白茶。

> 異時郡人黃儒撰《品茶要錄》，極稱當時靈芽之富，謂使陸羽數子見之，必爽然自失。蕃使黃君而閱今日，則前此者未足詫焉。然龍焙[11]初興，貢數殊少，太平興國初才貢五十斤，累增至以元符，以斤計者一萬八千，視初已加數倍，而猶未盛，今則為四萬七千一百斤有奇矣。

過去福建人黃儒撰寫《品茶要錄》，用濃墨重彩的筆調論述建安茶的豐富與精美，並慨嘆說：如果陸羽等人見到建安茶的話，一定會後悔自己出生得太早。我熊蕃倒覺得，如果黃儒能活到今天，看到建安茶能發展到如此精益求精的地步，他也會發現當年描寫的盛況絲毫不值得誇耀。北苑剛剛興起的時候，貢茶數量甚少，太平興國初年（九七六年）才貢五十斤，此後逐漸增加，至元符年間（一〇九八年～一一〇〇年）達到一萬八千斤，增加了很多倍，不過仍然沒有達到極限，現在每年貢茶數量已經有四萬七千一百多斤了。

> 白茶、勝雪以次，厥名實繁，今列於左，使好事者得以觀焉。

貢茶品種甚多，不僅只有白茶與龍團勝雪，我將各款貢茶的名稱與創製時間一一列在後面[12]，希望感興趣的讀者能夠看到。

> 貢新銙，大觀二年造

試新銙，政和二年造
白茶，政和一年造
龍團勝雪，宣和二年造
御苑玉芽，大觀二年造
萬壽龍芽，大觀二年造
上林第一，宣和二年造
一夜清供，宣和二年造
承平雅玩，宣和二年造
龍鳳英華，宣和二年造
玉除清賞，宣和二年造
啟沃承恩，宣和二年造
雲葉，宣和二年造
蜀葵，宣和二年造
金錢，宣和三年造

玉華，宣和二年造

寸金，宣和三年造

無比壽芽，大觀四年造

萬春銀葉，宣和二年造

宜年寶玉，宣和三年造

玉清慶雲，宣和二年造

無疆壽龍，宣和二年造

玉葉長春，宣和四年造

瑞雲翔龍，紹聖二年造

長壽玉圭，政和二年造

興國岩銙、香口焙銙、上品揀芽，紹興二年造

新收揀芽、太平嘉瑞，政和二年造

龍苑報春，宣和四年造

南山應瑞，宣和四年造

興國岩揀芽、興國岩小龍、興國岩小鳳，以上號細色

揀芽、小龍、小鳳、大龍、大鳳，以上號粗色

又有瓊林毓粹、浴雪呈祥、壑源拱秀、貢篚推先、價倍南金、暘谷先春、壽岩卻勝、延平石乳、清白可鑑、風韻甚高。凡十色，皆宣和二年所製，越五歲，省去。

貢新銙，大觀二年（一一〇八年）創製

試新銙，政和二年（一一一二年）創製

白茶，政和一年（一一一一年）創製

御苑玉芽，大觀二年（一一〇八年）創製

萬壽龍芽，大觀二年（一一〇八年）創製

上林第一，宣和二年（一一二〇年）創製

一夜清供，宣和二年（一一二〇年）創製

承平雅玩，宣和二年（一一二〇年）創製

龍鳳英華，宣和二年（一一二〇年）創製

玉除清賞，宣和二年（一一二〇年）創製

啟沃承恩，宣和二年（一一二〇年）創製

雲葉，宣和二年（一一二〇年）創製

蜀葵，宣和二年（一一二〇年）創製

金錢，宣和三年（一一二一年）創製

玉華，宣和二年（一一二〇年）創製

寸金，宣和三年（一一二一年）創製

無比壽芽，大觀四年（一一一〇年）創製

萬春銀葉，宣和二年（一一二〇年）創製

宜年寶玉，宣和三年（一一二一年）創製

玉清慶雲，宣和二年（一一二〇年）創製

無疆壽龍，宣和二年（一一二〇年）創製

玉葉長春，宣和四年（一一二二年）創製

瑞雲翔龍，紹聖二年（一〇九五年）創製

長壽玉圭，政和二年（一一一二年）創製

興國岩銙、香口焙銙、上品揀芽，紹聖二年（一〇九五年）創製

新收揀芽、太平嘉瑞，政和二年（一一一二年）創製

龍苑報春，宣和四年（一一二二年）創製

南山應瑞，宣和四年（一一二二年）創製

興國岩揀芽、興國岩小龍、興國岩小鳳，這些是精品貢茶

揀芽、小龍、小鳳、大龍、大鳳，這些是普通貢茶

此外還有瓊林毓粹、浴雪呈祥、壑源拱秀、貢篚推先、價倍南金、暘谷先春、壽岩卻勝、延平石乳、清白可鑑、風韻甚高，共十款貢茶，都是宣和二年（一一二〇年）創製，連續進貢五年之後，全部停止進貢。

右歲分十餘綱，惟白茶與勝雪自驚蟄前興役，浹日乃成，飛騎疾馳，不出仲春已至京師，號為「頭綱」。御芽以下，即先後以次發，逮貢足時，夏過半矣。歐陽文忠公詩曰：「建安三千五百里，京師三月嘗新茶。」蓋異時如此，以今較昔，又為最早。

上面這麼多款貢茶，每年分成十幾批起運。只有白茶和龍團勝雪在驚蟄前採摘，十天內製成，最遲二月底之前就能用快馬運到京師，所以號稱「頭綱」。頭綱之後，緊接著就是御苑玉

芽、萬壽龍芽、上林第一、一夜清供……主持建安貢茶製造的官員依次將它們貢獻到皇宮大內。等到各款貢茶全部運送完畢，夏天已經過了一半了。歐陽修詩曰：「建安三千五百里，京師三月嘗新茶。」意思是京城離建安太遠，頭批建安茶只能在三月分運到。現在茶事繁勝、物流發達，頭批建安茶在二月分就能運到，比歐陽修那個時代提前多了。

因念草木之微，有環奇草，異必逢時而後出，而況為上者哉！昔昌黎先生13感土鳥之蒙采擢，而自悼其不如14，今蕃於是茶也，焉敢效昌黎之感？始務自警而堅其守，以待時也。

和人相比，植物是微不足道的，但在微不足道的植物群體當中，擁有奇妙風味的建安茶卻能脫穎而出，受到皇上的賞識。小小一片茶葉猶能如此，何況人乎？作為萬物之靈的我們難道不是更應該做出一番成就嗎？當年昌黎先生韓愈在路上見到兩隻獻給皇帝的土鳥，忍不住自嘆懷才不遇、人不如鳥，我熊蕃豈敢效仿韓愈做出類似感嘆呢？我之所以要寫下這些話，無非是提醒自己放平心態，耐心等待罷了。

後編

貢新銙，竹圈銀模，方一寸二分15

試新銙，同前

龍團勝雪，同前

白茶，銀圈銀模，徑一寸五分

御苑玉芽，同前

萬壽龍芽，同前

上林第一，竹圈銀模，方一寸二分

一夜清供，同前

承平雅玩、龍鳳英華、玉除清賞、啟沃承恩，皆同前

雲葉，橫長一寸五分

雪英，同前

蜀葵，徑一寸五分

金錢，同前

玉華，橫長一寸五分

寸金，竹圈銀模，方一寸二分

無比壽芽，同前

萬壽銀葉，銀圈銀模，兩尖徑二寸二分

宜年寶玉，銀圈銀模，直長三寸

玉清慶雲，銀圈銀模，方一寸八分

無疆壽龍，銀圈銀模，直長一寸

玉葉長春，竹圈銀模，直長三寸六分

瑞雲翔龍，銅圈銀模，徑二寸五分

長壽玉圭，銅圈銀模，直長三寸

興國岩銙，竹圈銀模，方一寸二分

香口焙銙，同前

上品揀芽，銅圈銀模，徑一寸五分

新收揀芽，同前

太平嘉瑞，銅圈銀模，徑一寸五分

龍苑報春，銅圈銀模，徑一寸七分

南山嘉瑞，銅圈銀模，方一寸八分

興國岩揀芽，銀圈銀模，徑三寸

小龍、小鳳，銀圈銀模，徑三寸

大龍、大鳳，銅圈銀模

貢新銙，用竹圈銀模[16]壓成正方形茶餅，邊長一寸二分

試新銙，同上

龍團勝雪，同上

白茶，用銀圈銀模壓成圓形茶餅，直徑一寸五分

御苑玉芽，同上

萬壽龍芽，同上

上林第一，用竹圈銀模壓成正方形茶餅，邊長一寸二分

一夜清供，同上

承平雅玩、龍鳳英華、玉除清賞、啟沃承恩，均同上

雲葉，用銀圈銀模壓成六瓣形茶餅[17]，橫長一寸五分

雪英，用銀圈銀模壓成六邊形茶餅，橫長一寸五分

蜀葵，用銀圈銀模壓成圓形茶餅[18]，直徑一寸五分

金錢，同上

玉華，用銀圈銀模壓成橢圓形茶餅，長軸一寸五分

寸金，用竹圈銀模壓成正方形茶餅，邊長一寸二分

無比壽芽，同上

萬壽銀葉，用銀圈銀模壓成花瓣形茶餅，兩尖徑長二寸二分

宜年寶玉，用銀圈銀模壓成橢圓形茶餅，長軸三寸

玉清慶雲，用銀圈銀模壓成正方形茶餅，邊長一寸八分

無疆壽龍，用銀圈銀模壓成長方形茶餅，長一寸

玉葉長春，用竹圈銀模壓成長方形茶餅，長三寸六分

瑞雲翔龍，用銅圈銀模壓成圓形茶餅，直徑二寸五分

長壽玉圭，用銅圈銀模壓成圭形茶餅，長三寸

興國岩銙，用竹圈銀模壓成正方形茶餅，邊長一寸二分

香口焙銙，同上

上品揀芽，用銅圈銀模壓成圓形茶餅，直徑一寸五分

新收揀芽，同上

太平嘉瑞，用銅圈銀模壓成圓形茶餅，直徑一寸五分

龍苑報春，用銀圈銀模壓成圓形茶餅，直徑一寸七分

南山嘉瑞，用銀圈銀模壓成圓形茶餅，邊長一寸八分

興國岩揀芽，用銀圈銀模壓成圓形茶餅，直徑三寸

小龍、小鳳，用銀圈銀模壓成圓形茶餅，直徑三寸

大龍、大鳳，用銅圈銀模壓成[19]

先人作《茶錄》，賞貢品極盛之時，凡有四十餘色。紹興戊寅，克攝事北苑，閲近所貴，皆仍舊其先後之序，亦同惟躋龍團勝雪與白茶之上。及無與興國岩小龍、小鳳，蓋建炎南渡，有旨罷貢三之一，而省去之也。先人但著其名號，克今更寫其形制，庶覽之無遺恨焉。

先父熊蕃寫《宣和北苑貢茶錄》的時候，建安貢茶多達四十多種。紹興二十八年（一一五八年），鄙人掌管北苑，又見到一些新款貢茶，於是將它們補充進來，仍然按照歷年進貢的先後次

序來排列，同時仍將龍團勝雪和白茶放在最前面。但是沒有將我父親當年提到的興國岩小銙和小鳳列入其中，因為建炎年間（一一二七年～一一三〇年）本朝南渡，今上[20]為了減輕茶民負擔，將貢茶數額減免三分之一，小鳳與興國岩小銙遂成歷史。先父當年列舉諸款貢茶，只寫了名稱，沒注明造型，我現在將形狀與製作一併補充完整，使讀者朋友不會再感到遺憾。

先是，任子春[21]漕司再攝茶政，越十三載，乃復舊額，且用政和故事，補種茶二萬株（政和周漕種三萬株）。此年益虔貢職，遂有創增值目，仍改京鋌為大龍團，由是大龍多於大鳳之數。凡此皆近事，或者猶未之知也。

在我整理這本書以前，任子春大人第二次來福建就任，就任十三年以後，他把今上[22]下旨減免的貢茶數額又恢復到了原狀，而且援引徽宗皇帝政和年間（一一一一年～一一一七年）的舊例，又補種茶樹兩萬棵（政和年間一位周姓轉運使曾經補種三萬棵）。到我著手整理此書之時（一一五八年），任大人對貢茶要求得更嚴了，於是就有了一批新款貢茶的問世，並將京鋌改成大龍團，從此大龍團的進貢數量開始超過大鳳團。這都是近些年的事情，但是很多人並不知道，所以我有必要說明一下。

三月初，吉男克北苑寓舍書。

紹興二十八年三月初，熊克寫於北苑寓舍。

後序

北苑貢茶最盛，然前輩所錄止於慶曆以上。自元豐之密雲龍、紹聖之瑞雲龍，相繼挺出，制精於舊，而未有好事者記焉，但見於詩人句中。及大觀以來，增創新銙，亦猶用揀芽，蓋水芽至宣和始有，故龍團勝雪與白茶角立，歲充首貢。復自御苑玉芽以下，厥名實繁，先子親見時事，悉能記之，成編具存。今閩中漕臺新刊茶錄，未備此書，庶幾補其闕云。

北苑貢茶最為興盛，然而那些寫建安茶的前輩們只寫到慶曆年間（一〇四一年～一〇四八年）就沒有下文了。事實上，從元豐年間（一〇七八年～一〇八五年）的密雲龍和紹聖年間（一〇九四年～一〇九七年）的瑞雲翔龍問世以來，新款貢茶相繼問世，製作工藝超過舊款貢茶，可惜一直缺乏有心人去記載它們，只有詩人們會在作品中偶然提及。徽宗皇帝大觀年間（一一〇七年～一一一〇年），北苑推出更多新款貢茶，但是當時最好的貢茶也不過是使用揀芽來造，比揀芽還要精美絕倫的水芽則是從宣和年間（一一一九年～一一二五年）才開始使用的。水芽一出，龍團勝雪應運而生，故此龍團勝雪才能和白茶平分秋色，年年作為第一批貢茶。自御苑玉芽以

下，各款貢茶數不勝數，先父有幸親眼見到，所以能一一記載，編訂成冊。現任福建轉運使出版茶書，沒有將我們父子寫的書列入其中，為了填補這個空白，我將《宣和北苑貢茶錄》刻印成書，公之於世。

淳熙九年冬十二月四日，朝散郎[23]、行祕書郎[24]、兼國史編修官[25]、學士院權直[26]熊克謹記。

淳熙九年（一一八二年）臘月初四，朝散郎、行祕書郎、兼國史編修官、學士院權直學士熊克謹記。

註釋

1 指五代政權中的前蜀政權，國主王建，定都於四川成都。

2 毛文錫，説郛本及四庫全書本均作「王文錫」，應屬刻印之誤。據《新五代史》及《宋史．藝文志》，毛文錫為唐末及前蜀官員，字平珪，河北人，通音樂，工詩詞，十四歲即考中進士，唐亡後，入蜀為官，任禮部尚書，著《茶譜》一卷，原書已佚，宋朝藥書《重修政和證類本草》輯有部分內容。

3 裴汶，晚唐官員，唐憲宗時先後出任湖州刺史與常州刺史，著有《茶述》一篇，論述茶之起源、產地及養生保健功效，篇幅甚短。

4 宋朝轉運使簡稱「漕使」，在福建任轉運使簡稱「漕閩」。

5 指宋徽宗。

6 宋子安，北宋人，生卒年不詳，著有《東溪試茶錄》，成書時間當在宋徽宗《大觀茶論》之前，原書尚存，商務印書館一九三六年曾經刊印，與蔡襄《茶錄》、趙汝礪《北苑別錄》合刊。

7 指王安石，宋徽宗將其追封為舒王。

8 四庫全書本及説郛本均作「鄭公可問」，但據《北苑別錄》及《苕溪漁隱叢話》，應為「鄭公可簡」。

9 宋朝人將金屬鑄造的方形帶扣稱為「銙」，並將茶餅也做成這般形狀。方寸新銙，意指一寸見方的新型磚茶。

10 指宋徽宗。

11 據宋子安《東溪試茶錄》，建安貢茶產地並不限於鳳凰山，還有南溪、西溪、北山，但以鳳凰山北苑為正宗，故稱北苑為「正焙」、「御焙」或「龍焙」。

12 熊蕃的排列順序並不表明各款貢茶的地位高低，而是按這些貢茶在徽宗宣和年間的進貢次序而排列，如貢新銙、試新銙為先遣貢茶，白茶、龍團勝雪為頭批貢茶……大龍、大鳳為最後一批貢茶。

13 韓愈號「昌黎」。

14 韓愈曾作〈感二鳥賦〉，言旅行途中見某土官獻二鳥入長安，一路威風凜凜，行人皆避道不迭，於是自嘆「餘生命之湮阨，曾二鳥之不如」。

15 據《中國歷代度量衡考》，宋朝一尺約三十一公分，一寸約三十一公釐，一分約三．一公釐。

16 宋人製作茶餅所用模具包括兩種構件，一種構件為「棬」（圈），一種構件為「模」，將碾膏之後的茶泥放入棬中攤勻，再用模來壓製。模上多刻圖紋。

17 原書未寫雲葉與雪英的具體形狀，但從四庫全書本插圖來看，雲葉為六瓣形，雪英為正六邊形。

18 據四庫全書本插圖，蜀葵及金錢的造型都是圓形帶花邊。

19 原書未注尺寸大小。

20 指宋高宗。

21 查《宋史》及南宋梁克家所修《淳熙三山志》，福建歷任轉運使任姓者僅有任希夷一人，且在南宋末年蒞任，遠在《宣和北苑貢茶錄》成書之後，此處「任子春」或為訛誤，待考。下文中「政和周漕」同此。

22 指宋高宗。

23 表明工資待遇的寄祿官名，南宋文臣京朝官共分三十階，朝散郎為第二十一階，相當於正七品。

24 宋朝祕書郎原為虛銜，僅用於表明官品，無具體職務，元豐改制後轉為實銜，負責整理國家圖書、機要檔案及修纂國史。在祕書郎前加一「行」字，意為資歷尚淺，如秦檜之子秦熺初入仕時即帶此銜。宋朝官制極其複雜，僅官銜就有階官、散官、職官、差遣、貼職等諸多類別，其中只有差遣是具體職務。根據品位高低與資歷深淺，差遣前又常加「判」、「行」、「權」、「權發遣」等字，如「判祕書郎」即資深祕書郎，「行祕書郎」即普通祕書郎，「權祕書郎」即實習祕書郎，「權發遣祕書郎」即臨時祕書郎。

25 國史編修官，全稱「國史院編修官」，史官名，在國史院整理修撰歷史，多為文官兼職。

26 學士院，唐代始設，宋代沿置，為皇帝祕書處，專替皇帝起草檔。學士院權直學士，簡稱「學士院權直」，繼而又簡稱「權直」，皇帝的低級祕書，多為暫時代理之職，在學士院中地位甚低，相當於八品官。

趙汝礪

《北苑別錄》

校錄自商務印書館一九三六年叢書集成本，以四庫全書本參校。此書寫於宋孝宗時期，趙汝礪時任福建路轉運司主管帳司。

建安城東三十里，有山曰「鳳凰」，其下直北苑，旁聯諸焙，厥土赤壤，厥茶惟上上。太平興國中，初為御焙，歲模龍鳳，以羞貢篚，蓋表珍異。慶曆中，漕臺益重其事，品數日增，制模日精。厥今茶自北苑上者，獨冠天下，非人間所可得也。方春蟲震蟄，千夫雷動，一時之盛，誠為偉觀。故建人謂：至建安而不詣北苑，與不至者同。僕因攝事，遂得研究其始末，姑摭其大概，條為十餘類，曰《北苑別錄》云。

從建安縣城往東走三十里，有一座鳳凰山，山下就是北苑，旁邊連接諸多茶園。鳳凰山土質發紅，出產最好的茶葉。太宗皇帝太平興國年間（九七六年～九八四年），北苑

首次成為御用茶園，每年加工龍鳳茶餅，為裝載貢物的容器增光添彩，體現出了閩中土產的珍貴特異。仁宗皇帝慶曆年間（一〇四一年～一〇四八年），福建轉運使更加注重北苑茶事，貢茶的品種日益增加，製茶的模具日益精美。今日大宋茶品眾多，唯北苑貢茶冠絕天下，市面上買都買不到。每年驚蟄，成百上千人上山採茶，陣勢很大，猶如春雷滾滾，這種繁盛的景象堪稱奇觀。所以建安人說，來到建安不去北苑，就和沒到過建安一樣。鄙人由於在北苑工作，有機會觀察到貢茶生產的全部細節，現在把我的觀察心得分成十幾條寫下來，命名為《北苑別錄》。

御園[1]

九窠十二隴（四庫全書本補注[2]：按《建安志．茶隴注》云，九窠十二隴即山之凹凸處，凹為窠，凸為隴）：麥窠、壤園、龍遊窠、小苦竹、苦竹里、雞藪窠、苦竹、苦竹源、鼯鼠窠、教練隴、鳳凰山[3]、大小焊、橫坑、猢游隴、張坑、帶園、焙東、中曆、東際、西際、官平、上下官坑、石碎窠、虎膝窠、樓隴、蕉窠、新園、夫樓基、阮坑、曾坑、黃際、馬鞍山、林園、和尚園、黃淡窠、吳彥山、羅漢山、水桑窠、師姑園、銅場、靈滋、范馬園、高畬、大窠頭、小山。

右四十六所，廣袤三十餘里。自官平而上為內園，官坑而下為外園。

北苑茶園多以「窠」、「隴」為名，故有「九窠十二隴」之說（四庫全書本補注：據《建安志·茶隴注》解釋，「窠」就是山上的低窪之地，「隴」就是山上的外凸之地）。其實北苑方圓三十多里，遠不止九窠十二隴，共含四十六處茶園，即：麥窠、壤園、龍遊窠、小苦竹、苦竹里、雞藪窠、苦竹、苦竹源、鼯鼠窠、教練隴、鳳凰山、大小焊、橫坑、猢游隴、張坑、帶園、焙東、中曆、東際、西際、官平、上官坑、下官坑、石碎窠、虎膝窠、樓隴、蕉窠、新園、夫樓基、阮坑、曾坑、黃際、馬鞍山、林園、和尚園、黃淡窠、吳彥山、羅漢山、水桑窠、師姑園、銅場、靈滋、范馬園、高畬、大窠頭、小山。其中麥窠、壤園、龍遊窠、小苦竹、苦竹里、雞藪窠、苦竹、苦竹源、鼯鼠窠、教練隴、鳳凰山、大小焊、橫坑、猢游隴、張坑、帶園、焙東、中曆、東際、西際、官平等二十一處茶園為「內園」；上官坑、下官坑、石碎窠、虎膝窠、樓隴、蕉窠、新園、夫樓基、阮坑、曾坑、黃際、馬鞍山、林園、和尚園、黃淡窠、吳彥山、羅漢山、水桑窠、師姑園、銅場、靈滋、范馬園、高畬、大窠頭、小山等二十五處茶園為「外園」。

方春靈芽莩坼，常先民焙十餘日。如龍遊窠、小苦竹、長坑、西際，又為禁園之先也。

每年初春，茶芽萌發，北苑茶園提前開工，比民間茶園要早十多天，而龍遊窠、小苦竹、長坑、西際等茶園的開工時間又比北苑之中其他茶園更早一些。

開焙

驚蟄節，萬物始萌，每歲常以前三日開焙，遇閏則反之，以其氣候少遲故也。

驚蟄時節，萬物初生，為了獲得最鮮嫩的茶芽，北苑在驚蟄之前三天就開始採摘和焙製了。如果碰到閏年，則推遲到驚蟄後三天再開工，因為閏年有十三個月[4]，春天比正常年月來得要晚。

採茶

採茶之法，須是侵晨，不可見日。侵晨則露未晞，茶芽肥潤，見日則為陽氣所薄，使芽之膏腴內耗，至受水而不鮮明。故每日常以五更撾鼓，集群夫於鳳凰山，山有打鼓亭。監采官人給一牌，入山，至辰刻復鳴鑼以聚之，恐其逾時貪多務得也。

採茶必須在凌晨進行，不能見太陽。凌晨露水未乾，茶芽肥潤，如果等太陽出來再採摘，茶芽生長變快，把精華都消耗掉了，調出的茶湯不夠鮮亮。鳳凰山有一座打鼓亭，每天五更[5]，茶鼓擂響，採茶工人聽到鼓聲立即起床，趕到亭下集合。監採官發給每個工人一塊牌子，大家憑牌入山。採到辰時[6]，監採官開始敲鑼，讓工人們停止採摘，回到打鼓亭。之所以這樣做，主要是怕工人貪多務得，只顧完成工作量，保證不了採摘品質。

大抵採茶亦須習熟，募夫之際，必擇土著及諳曉之人。非特識茶發早晚所在，而於採摘各知其指要。蓋以指而不以甲，則多溫而易損；以甲而不以指，則速斷而不柔。故采夫欲其熟習，正為是耳。（四庫全書本補注：采夫日役二百二十五人。）

採茶看起來簡單，實際上大有專業技術。北苑招募採茶工人，一定選經驗豐富的本地人，這些人既會判斷哪裡的茶樹出芽早，又懂得採摘訣竅，例如採摘茶芽要用指甲而不是指頭。用指頭採茶，茶芽發熱，容易破損；用指甲採茶，茶芽從枝頭迅速脫離，可以保持完整的形態和脆嫩的質地。監採官要求採茶工人熟練掌握採茶技巧，就是為了保證茶芽不被破壞。（四庫全書本補注：北苑茶芽開始採摘時每天要用二百二十五名工人。）

揀茶

茶有小芽，有中芽，有紫芽，有白合，有烏蔕，此不可不辨。小芽者，其小如鷹爪，初造龍團勝雪、白茶，以其芽先次蒸熟，置水盆中，剔取其精英，僅如針小，謂之水芽。是小芽中之最精者也。中芽，古謂之一槍一旗是也。紫芽，葉之紫者是也。白合，乃小芽有兩葉抱而生者是也。烏蔕，茶之蔕頭是也。凡茶以水芽為上，小芽次之，中芽又次之，紫芽、白合、烏蔕，皆所

在不取。使其擇焉而精，茶之色味無不佳。萬一雜之以所不取，則首面不均，色濁而味重也。

茶有小芽、中芽、紫芽、白合、烏蒂等術語，我們不能不明白這些術語的具體含義。所謂「小芽」，就是全未舒展、形如鷹爪的嫩芽，用來製造龍團勝雪和白茶。將小芽蒸熟，放進水盆，剝去外膜，取其芽芯，這種芽芯像銀針一樣細小，叫做「水芽」，它是小芽中最精美的部分。所謂「中芽」，就是古人說的「一槍一旗」。所謂「紫芽」，指的是紫色的茶葉。「白合」的外觀很像小芽，但是仔細一看，其實是兩片茶葉互相纏繞，長到了一塊兒。「烏蒂」呢，是茶葉根部的黑蒂。北苑做茶，第一流的原料當然是水芽，其次是小芽，再其次是中芽。至於紫芽、白合與烏蒂，都不能用來做茶。做茶時選料精美，茶色、茶味無一不佳，如果摻入了紫芽、白合和烏蒂，做成的茶餅就很難均勻光滑，點出來的茶湯還會發黑、發苦。

蒸芽

茶芽再四洗滌，取令潔淨，然後入甑，候湯沸蒸之。然蒸有過熟之患，有不熟之患，過熟則色黄而味淡，不熟則色青易沉而有草木之氣，唯在得中之為當也。

蒸青之前，須將茶芽反覆漂洗，直到非常乾淨，然後才能入甑[7]。蒸茶不能用冷水，要等到鍋底的水沸騰以後，再把茶甑放上去。蒸茶還要講究火候，不能太熟，也不能不熟。蒸得太熟，茶湯發黃，茶香變淡；蒸得不熟，茶粉易沉，茶湯有青草氣。所以必須蒸得不生不老，火候適當。

榨茶

茶既熟，謂「茶黃」，須淋洗數過（四庫全書本補注：欲其冷也），方入小榨以去其水，又入大榨出其膏（四庫全書本補注：水芽則以高壓之，以其芽嫩故也）。先是，包以布帛，束以竹皮，然後入大榨壓之，至中夜取出，揉勻，復如前榨，謂之「翻榨」。徹曉奮擊，必至於乾淨而後已。

蒸熟的茶芽叫做「茶黃」。從甑裡取出茶黃，用水沖洗好幾遍（四庫全書本補注：目的是使其迅速降溫），先放進小木榨的榨槽，榨去水分，再放進大木榨的榨槽，榨去苦汁（四庫全書本補注：水芽過於脆嫩，一榨就沒了，故此不宜入榨，只需要用絲布包住，壓上石板即可）。入榨之前，還要用絲布包住茶黃，再用竹片紮緊。入榨後，不用人力扳動榨桿，只需要在榨桿上吊一塊大石頭，借助石頭的重量和槓桿的力量來榨茶。傍晚入榨，半夜取出，將榨過的茶黃揉勻，再次入榨，這個過程叫做「翻榨」。第二天一大早，取出茶黃，用木杵使勁擊打，將茶黃打成茶泥，將茶葉裡的苦汁盡可能地打出去。

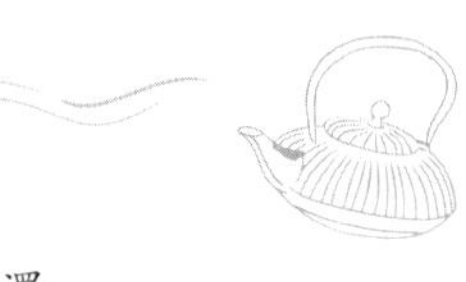

蓋建茶味遠而力厚，非江茶之比。江茶畏流其膏，建茶唯恐膏之不盡，膏不盡，則色味重濁矣。

建安茶香味悠遠、口感醇厚，不是江南茶可以比得了的。江南茶味薄，如果茶汁流失，就沒有茶香了，而建安茶味厚，唯恐茶汁不流失。做建安茶，如果不將茶汁榨淨，茶湯的顏色就會發暗，茶的味道就會發苦。

研茶之具，以柯為杵，以瓦為盆。分團酌水亦皆有數，上而「勝雪」、「白茶」，以十六水；下而「揀芽」，以六水；小龍鳳四，大龍鳳二，其餘以十二焉。自十二水以上，日研一團；自六水而下，日研三團至七團。每水研之，必至於水乾而後已。水不乾則茶不熟，茶不熟則首面不勻，煎試易沉，故研夫尤貴於強而有力者也。

為了進一步去除苦汁，還有一道研茶的工序。研茶工具很簡單，一是用木頭做的杵，一是用泥陶做的盆，將茶泥放入陶盆，用杵研磨，用泉水漂洗，如此反覆，直至苦汁徹底消失，才可以做成茶餅。茶餅的款式和等級不同，研茶的次數也不一樣：最高級的龍團勝雪與白茶需要研磨十六遍，較低一級的揀芽需要研磨六遍，小龍團和小鳳團研磨四遍，大龍團和大鳳團研磨兩遍，其他貢茶則要研磨十二遍左右。研茶是很耗時間的：假如研磨十二遍以上的話，一天的加工量只夠做成一枚茶餅；假如研磨六遍以下的話，一天的加工量可以做成三枚到七枚茶餅。每研磨一遍，都要研到水乾為止。水若不乾，茶就不熟；茶若不熟，餅就不勻，成品茶的茶粉顆粒就不夠細膩，調製茶湯的時候就容易沉底。鑑於此，研茶工人以粗壯有力者為佳。

嘗謂天下之理未有不相須而成者，有北苑之芽，而後有龍井[8]之水，其深不以丈尺，清而且甘，晝夜酌之而不竭，凡茶自北苑上者皆資焉。亦猶錦之於蜀江，膠至於阿井，詎不信然？

我曾經說過，天帝造物的時候一定是成雙成對來製造的，所以無論什麼東西都能找到它的最佳搭檔。比方說北苑貢茶的最佳搭檔是龍井之水，如果沒有龍井水，就無法研磨北苑茶，所以在我們發現了北苑茶以後，很快就發現了龍井水。龍井的水位很淺，距離地表不到一丈，取水方便，既清又甜，一天二十四小時連續從井中取水研茶，也不能使其水位下降，所以北苑貢茶全靠此水加工。北苑離不開龍井，就像四川的蜀錦離不開蜀江，山東的阿膠離不開阿井，難道不是嗎？

造茶

茶舊分四局，匠者起好勝之心，彼此相誇，不能無弊，遂並而為二焉。故茶堂有東局、西局之名，茶銙有東作、西作之號。

在過去，北苑分為四個局[9]，這四個局的工匠互相不服，彼此競爭。競爭本來是好事，可他們四局相爭就有點亂了，不是在鬥茶大賽中作弊，就是派出奸細去對手那裡搞破壞。於是，四個局被合併成兩個局，裁掉南局和北局，併入東局和西局。相應的，製作茶餅的作坊也有了東作坊和西作坊之分。

凡茶之初出研盆，盪之欲其勻，揉之欲其膩，然後入圈制銙，隨笪過黃。有方銙，有花銙，有大龍，有小龍，品色不同，其名亦異，故隨綱系之於貢茶云。

茶泥從研盆中取出來，並不能立即入模，還要用熱水將其燙勻，用手將其揉光，然後才能放入模具，壓成茶餅，裝入竹籠用炭焙乾。成品茶分為不同造型，有四四方方的茶餅，有花瓣造型的茶餅，有的上面印著大龍，有的上面印著小龍，款式不同，名稱自然也不同，如此將各款貢茶分成批次運抵京師，不至於混亂。

過黃

茶之過黃，初入烈火焙之，次沸湯爁之，凡如是者三，而後宿一火，至翌日送煙焙焉。然煙焙之火不欲烈，烈則面炮而色黑；又不欲煙，煙則香盡而味焦，但取其溫溫而已。凡火數之多寡，皆視其銙之厚薄，銙之厚者有十火至於十五火，銙之薄者亦八火至於六火。火數既足，然後過湯上出色，出色之後，當置之密室，急以扇扇之，則色自然光瑩矣。（四庫全書本補注：按《西溪叢語》云，茶有十綱，第一、第二綱太嫩，第三綱最妙，自六綱至十綱，小團至大團而止。第一綱曰「試新」，第二綱曰「貢新」，第三綱有十六色，第四綱有十二色，第五綱有十二色，以下五綱皆大小團也。）

茶餅出模，需要焙乾，這一過程稱為「過黃」。北苑茶過黃，先用猛火烤去表面的水分，再用沸水焯去煙熏的異味，如是三次，然後在火堆旁放一夜，第二天送去煙焙。所謂煙焙，絕非煙熏，而是使用那種燃燒過半、完全看不見明火和黑煙的白炭來慢慢烘烤。如果炭火猛烈的話，茶餅驟然受熱，表面會鼓起小疙瘩，而且顏色發黑。如果炭還冒煙的話，在煙氣熏蒸之下，茶香盡失，茶味焦苦。所以過黃須用白炭，溫度不高不低，比體溫稍高就行了。烘焙的次數取決於茶餅的厚度，厚餅需要烘焙十到十五次，薄餅則需要烘焙六到八次。烘焙次數達到要求以後，再入籠稍蒸，使茶餅恢復本來的色澤。蒸過之後，立即放入放進密不透風的室內，用扇子猛搧，茶餅自然會變得油光可鑑，賣相奇佳。（四庫全書本補注：據《西溪叢語》記載，若按送往京城的批次來計算，北苑貢茶共分十綱，也就是十個批次。其中第一批和第二批太嫩，第三批最佳，四批與

五批稍次，六批至十批最差。第六批貢茶仍為小團，此後諸批均為大團。按北苑術語，第一批為「試新」，第二批為「貢新」，第三批包括十六款茶餅，第四批與第五批各包括十二款茶餅，以下五批款式不明，無非大團與小團而已。）

細色第一綱

龍焙貢，新水芽，十二水，十宿火，正貢三十銙，創添二十銙。（四庫全書本補注：按《建安志》云，頭綱用社前三日，進發或稍遲，亦不過社後三日。第二綱以後，只候火數足，發多不過十日。粗色雖於五旬內，制畢卻候細綱，貢絕以次進。發第一綱拜，其餘不拜，謂非享上之物也。）

精品貢茶第一批，本批僅貢一款，名曰「龍焙貢」[10]，用新發水芽製成，研膏時過水十二遍，過黃時烘焙十遍。該款貢茶原定指標三十枚，福建轉運使又額外增加二十枚。（四庫全書本補注：據《建安志》記載，頭批貢茶須在春社[11]之前三天運抵京城，即使途中稍有耽擱，也不能晚於春社後三天。第二批及以後諸批貢茶則無需在規定時間內運送，但只要加工完成，就要盡快起運，起運時間一般都不會超過十天。普通貢茶加工完畢，通常在五十天內起運，不過必須等到精品貢茶運完之後才能出發。運第一批貢茶的時候，北苑官員要舉行一場儀式——拜茶，向這批貢茶叩頭敬拜。不過在起運此後諸批貢茶的時候就無需敬拜了，因為頭批貢茶是獻給皇上獨享的，其他貢茶是讓皇上賞人的。）

細色第二綱

龍焙試，新水芽，十二水，十宿火，正貢一百銙，創添五十銙。（四庫全書本補注：按《建安志》云，數有正貢，有添貢，有續添，正貢之外，皆起於鄭可簡為漕日增。）

精品貢茶第二批，本批也只有一款茶，名曰「龍焙試」[12]，用新發水芽製成，研膏時過水十二遍，過黃時烘焙十遍。該款貢茶原定指標一百枚，福建轉運使額外增加五十枚。（四庫全書本補注：據《建安志》記載，貢茶指標分為「正貢」、「添貢」、「續添」之類，只有正貢是朝廷要求必須完成的指標，其他都是地方官額外增加的指標。地方官增加貢茶指標是鄭可簡[13]擔任福建轉運使時開創的先例。）

細色第三綱

精品貢茶第三批，這批茶種類較多，包括龍團勝雪、白茶、御苑玉芽、萬壽龍芽、上林第

一、乙夜清供、承平雅玩、龍鳳英華、玉除清賞、啟沃承恩、雲葉、蜀葵、金錢、玉華、寸金等十五種。

龍團勝雪（四庫全書本補注：按《建安志》云，龍團勝雪用十六水，十二宿火；白茶用十六水，七宿火。勝雪系驚蟄後采造，茶葉稍壯，故耐火。白茶無培壅之力，茶葉如紙，故火候止七宿，水取其多，則研夫力勝而色白。至火力則但取其適，然後不損真味。），水芽，十六水，十二宿火，正貢三十銙，續添二十銙，創添六十銙。白茶，水芽，十六水，七宿火，正貢三十銙，續添五十銙，創添八十銙。

龍團勝雪（四庫全書本補注：據《建安志》記載，龍團勝雪研膏時過水十六遍，過黃時烘焙十二遍；白茶研膏時過水十六遍，過黃時烘焙七遍。龍團勝雪是驚蟄後採摘製造的，茶芽稍壯，所以耐火；白茶是驚蟄前採摘製造的，茶芽太嫩，展開了就像紙一樣薄，所以只能烘焙七遍。白茶如此之嫩，為什麼還要過水十六遍呢？主要是為了徹底去除茶芽裡的葉綠素，使成品茶呈現乳白色，以成其「白茶」之名。到了過黃的環節，由於白茶過嫩，茶香易散，所以烘焙的次數不宜過多，以免減損白茶的香味。），用水芽製造，過水十六遍，烘焙十二遍。原定指標三十枚，福建轉運使額外增加二十枚，繼而又增加六十枚。白茶，用水芽製造，過水十六遍，烘焙七遍，朝廷要求每年進貢三十枚，福建轉運使額外增加五十枚，繼而又增加八十枚。

御苑玉芽（四庫全書本補注：按《建安志》云，自御苑玉芽下，凡十四品，系細色第三綱，其制之也，皆以十二火，唯玉芽、龍芽二色，火候止八宿。蓋二色茶日數比諸茶差早，不敢多用火力。），小芽，十二水，八宿火，正貢一百片。

御苑玉芽（四庫全書本補注：據《建安志》記載，御苑玉芽以下十四款貢茶同屬精品貢茶第三批，過黃時均需烘焙十二遍，唯有御苑玉芽與御苑龍芽烘焙八遍，因為這兩款茶的採摘時間比較早，茶芽偏嫩，不宜烘焙過久。），用小芽製造，過水十二遍，烘焙八遍，額定指標一百枚。

萬壽龍芽，小芽，十二水，八宿火，正貢一百片。

萬壽龍芽，用小芽製造，過水十二遍，烘焙八遍，額定指標為一百枚。

上林第一（四庫全書本補注：按《建安志》云，雲葉以下六品，火用七宿，則是茶力既強，不必火候太多。自上林第一至啟沃承恩凡六品，日子之制同，故量日力以用火力，大抵欲其適當，不論採摘日子之淺深，而水皆十二，研工多則茶色白故耳。），小芽，十二水，十宿火，正貢一百銙。

上林第一（四庫全書本補注：據《建安志》記載，雲葉以下八款貢茶都是烘焙七遍，因為這

些茶的茶香天生就很醇厚，無需靠持久烘焙來激發。從上林第一到啟沃承恩共六款，加工時間相差無幾，故此烘焙的遍數也相差無幾，且無論當初採摘早晚，過水皆為十二遍，研磨次數愈多，茶色愈白。），用小芽製造，過水十二遍，烘焙十遍，朝廷要求每年進貢一百枚。

乙夜清供[14]，小芽，十二水，十宿火，正貢一百銙。

承平雅玩，小芽，十二水，十宿火，正貢一百銙。

龍鳳英華，小芽，十二水，十宿火，正貢一百銙。

玉除清賞，小芽，十二水，十宿火，正貢一百銙。

啟沃承恩，小芽，十二水，十宿火，正貢一百銙。

乙夜清供、承平雅玩、龍鳳英華、玉除清賞、啟沃承恩，以上五款與上林第一相近，均用小芽製成，過水均為十二遍，烘焙均為十遍，年貢數量均為一百枚。

雲葉，小芽，十二水，七宿火，正貢一百片。

蜀葵，小芽，十二水，七宿火，正貢一百片。

金錢，小芽，十二水，七宿火，正貢一百片。

玉華，小芽，十二水，七宿火，正貢一百片。

雲葉、蜀葵、金錢、玉華，以上四款均用小芽製成，過水均為十二遍，烘焙均為七遍，年貢數量均為一百枚。

寸金，小芽，十二水，九宿火，正貢一百片。

寸金，用小芽製造，過水十二遍，烘焙九遍，年貢一百枚。

細色第四綱

精品貢茶第四批，包括龍團勝雪、無比壽芽、萬春銀芽、宜年寶玉、玉清慶雲、無疆壽龍、玉葉長春、瑞雲翔龍、長壽玉圭、興國岩銙、香口焙銙、上品揀芽、新收揀芽，共十三款。

龍團勝雪，正貢十百五十銙。

龍團勝雪，額定指標一千零五十枚[15]。

無比壽芽，小芽，十二水，十五宿火，正貢五十銙，創添五十銙。

無比壽芽，用小芽製造，過水十二遍，烘焙十五遍，原定指標五十枚，如今又增加五十枚。

萬春銀芽，小芽，十二水，十宿火，正貢四十片，創添六十片。

宜年寶玉，小芽，十二水，十宿火，正貢四十片，創添六十片。

萬春銀芽、宜年寶玉，均用小芽製造，過水十二遍，烘焙十遍，原定指標均為四十枚，如今各增六十枚。

玉清慶雲，小芽，十二水，九宿火，正貢四十片，創添六十片。

玉清慶雲，用小芽製造，過水十二遍，烘焙九遍，原定指標四十枚，今增六十枚。

無疆壽龍，小芽，十二水，十五宿火，正貢四十片，創添六十片。

玉葉長春，小芽，十二水，十五宿火，正貢四十片，創添六十片。

無疆壽龍、玉葉長春，均用小芽製造，過水十二遍，烘焙十五遍，原定指標四十枚，今各增六十枚。

瑞雲翔龍，小芽，十二水，九宿火，正貢一百八片。

長壽玉圭，小芽，十二水，九宿火，正貢二百片。

瑞雲翔龍、長壽玉圭，均用小芽製造，過水十二遍，烘焙九遍，前者指標一百零八枚，後者指標二百枚。

興國岩銙（岩屬南劍州，頃遭兵火廢，今以北苑芽代之），中芽，十二水，十宿火，正貢二百七十銙。

興國岩銙（這款茶原本由福建南平進貢，因為南平茶苑被戰爭破壞，故此改由北苑生產），用中芽製造，過水十二遍，烘焙十遍，每年進貢二百七十枚。

香口焙銙，中芽，十二水，十宿火，正貢五百銙。

香口焙銙，用中芽製造，過水十二遍，烘焙十遍，每年進貢五百枚。

上品揀芽，小芽，十二水，十宿火，正貢一百片。

上品揀芽，用小芽製造，過水十二遍，烘焙十遍，每年進貢一百枚。

新收揀芽，中芽，十二水，十宿火，正貢六十片。

新收揀芽，用中芽製造，過水十二遍，烘焙十遍，每天進貢六十枚。

細色第五綱

精品貢茶第五批，包括太平嘉瑞、龍源報春、南山應瑞、興國岩揀芽、興國岩小龍、興國岩小鳳，共六款。

太平嘉瑞，小芽，十二水，九宿火，正貢三百片。

太平嘉瑞，用小芽製造，過水十二遍，烘焙九遍，額定指標三百枚。

龍苑報春，小芽，十二水，九宿火，正貢六十片，創添六十片。

龍苑報春，用小芽製造，過水十二遍，烘焙九遍，額定指標六十枚，後來增加六十枚。

南山應瑞，小芽，十二水，九宿火，正貢六十片，創添六十片。

南山應瑞，用小芽製造，過水十二遍，烘焙九遍，額定指標六十枚，後來增加六十枚。

興國岩揀芽，中芽，十二水，十五宿火，正貢百五十片。

興國岩小龍，中芽，十二水，十五宿火，正貢七百五十片。

興國岩小鳳，中芽，十二水，十五宿火，正貢七百五十片。

興國岩揀芽、興國岩小龍、興國岩小鳳，均用中芽製造，過水十二遍，烘焙十五遍，額定指標分別為一百五十枚、七百五十枚、七百五十枚。

先春二色

第五批貢茶起運以後，又有兩款運往京師，美其名曰「先春二色」。

太平嘉瑞，正貢三百片。

太平嘉瑞，額定三百枚。

長壽玉圭，正貢二百片。

長壽玉圭，額定二百枚。

續入額四色

「先春二色」起運以後，又有四款運往京師，是為「續入額四色」。

御苑玉芽，正貢一百片。

萬壽龍芽，正貢一百片。

無比壽芽，正貢一百片。

瑞雲翔龍，正貢一百片。

這四款分別是御苑玉芽、萬壽龍芽、無比壽芽、瑞雲翔龍，每款各貢一百枚。

粗色第一綱

普通貢茶第一批，包括正貢（朝廷要求進貢的部分）、增添（福建轉運使額外進貢的部分）、附發（建安府額外進貢的部分）。

正貢：不入腦子上品揀芽小龍一千二百片（四庫全書本補注：按《建安志》云，入腦茶，水須差多，研工勝則香味與茶相入。不入腦茶，水須差省，以其色不必白，但欲火候深，則茶味出耳。），六水，十六宿火。入腦子小龍七百片，四水，十五宿火。

正貢：不摻龍腦上品揀芽小龍團一千二百枚（四庫全書本補注：據《建安志》記載，製茶時摻入龍腦香，研膏時需要多保留水分，還要研磨得足夠均勻，讓龍腦的香味與茶香完全融合；而不摻龍腦的茶餅只需保留少許水分，但烘焙的次數要多一些，將純正的茶香激發出來，比摻龍腦的茶餅更為上乘。），過水六遍，烘焙十六遍；摻龍腦小龍團七百枚，過水四遍，烘焙十五遍。

增添：不入腦子上品揀芽小龍一千二百片，入腦子小龍七百片。

增添：不摻龍腦上品揀芽小龍團一千二百枚；摻龍腦小龍團七百枚。

建安府附發：小龍茶六百四十片。

建安府附發：小龍團六百四十枚。

粗色第二綱

普通貢茶第二批，同樣包括正貢、增添、附發。

正貢：不入腦子上品揀芽小龍六百四十片，入腦子小龍六百七十二片，入腦子小鳳一千三百四十四片，四水，十五宿火。入腦子大龍七百二十片，二水，十五宿火。入腦子大鳳七百二十片，二水，十五宿火。

正貢：不摻龍腦上品揀芽小龍團六百四十枚，摻龍腦小龍團六百七十二枚，摻龍腦小鳳團一千三百四十四枚，以上三款茶在製造時均需過水四遍，烘焙十五遍；摻龍腦大龍團七百二十枚，摻龍腦大鳳團七百二十枚，以上兩款茶均需過水兩遍，烘焙十五遍。

增添：不入腦子上品揀芽小龍一千二百片，入腦子小鳳七百片。

增添：不摻龍腦上品揀芽小龍團一千二百枚，摻龍腦小鳳團七百枚。

建安府附發：大龍茶四百片，大鳳茶四百片。

建安府附發：大龍團、大鳳團各四百枚。

粗色第三綱

普通貢茶第三批

正貢：不入腦子上品揀芽小龍六百四十片，入腦子小龍六百七十二片，入腦子小鳳六百七十二片，入腦子大龍一千八百片，入腦子大鳳一千八百片。

正貢：不摻龍腦上品揀芽小龍團六百四十枚，摻龍腦小龍團六百七十二枚，摻龍腦小鳳團六百七十二枚，摻龍腦大龍團一千八百枚，摻龍腦大鳳團一千八百枚。

增添：不入腦子上品揀芽小龍一千二百片，入腦子小龍七百片。

增添：不摻龍腦上品揀芽小龍團一千二百枚，摻龍腦小龍團七百枚。

建安府附發：大龍茶八百片，大鳳茶八百片。

建安府附發：大龍團八百枚，大鳳團八百枚。

粗色第四綱

普通貢茶第四批

正貢：不入腦子上品揀芽小龍六百片，入腦子小龍三百三十六片，入腦子小鳳三百三十六片，入腦子大龍一千二百四十片，入腦子大鳳一千二百四十片。

正貢：不摻龍腦上品揀芽小龍團六百枚，摻龍腦小龍團三百三十六枚，摻龍腦小鳳團三百三十六枚，摻龍腦大龍團一千二百四十枚，摻龍腦大鳳團一千二百四十枚。

建安府附發：大龍茶四百片，大鳳茶四百片。

建安府附發：大龍團四百枚，大鳳團四百枚。

粗色第五綱

普通貢茶第五批

正貢：入腦子大龍一千三百六十八片，入腦子大鳳一千三百六十八片，京鋌改造大龍一千六百片。

正貢：摻龍腦大龍團一千三百六十八枚，摻龍腦大鳳團一千三百六十八枚，京鋌改造大龍團[16]一千六百枚。

建安府附發：大龍茶八百片，大鳳茶八百片。

建安府附發：大龍團、大鳳團各八百枚。

粗色第六綱

普通貢茶第六批

正貢：入腦子大龍一千三百六十片，入腦子大鳳一千三百六十片，京鋌改造大龍一千六百片。

正貢：摻龍腦大龍團、摻龍腦大鳳團各一千三百六十枚，京鋌改造大龍團一千六百枚。

建安府附發：大龍茶八百片，大鳳茶八百片，京鋌改造大龍一千二百片。

建安府附發：大龍團、大鳳團各八百枚，京鋌改造大龍團一千二百枚。

粗色第七綱

普通貢茶第七批

正貢：入腦子大龍一千二百四十片，入腦子大鳳一千二百四十片，京鋌改造大龍二千三百一十二片。

正貢：摻龍腦大龍團、摻龍腦大鳳團各一千二百四十枚，京鋌改造大龍團兩千三百一十二枚。

建安府附發：大龍茶二百四十片，大鳳茶二百四十片，京鋌改造大龍四百八十片。

建安府附發：大龍團、大鳳團各二百四十枚，京鋌改造大龍團四百八十枚。

細色五綱

精品貢茶共五批。

（四庫全書本補注：按《建安志》云，細色五綱凡四十三品，形式各異，其間貢新、試新、龍團勝雪、白茶、御苑玉芽，此五品中水揀第一，生揀次之。）

（四庫全書本補注：據《建安志》記載，精品貢茶分五批入貢，共四十三款，造型各異，其中貢新銙、試新銙、龍團勝雪、白茶、御苑玉芽等五款為最上，而這五款又以所用原料優劣而分出最優和次優：用水揀[17]之芽製成者為最優，用生揀[18]之芽製成者為次優。）

貢新為最上，開焙後十日入貢。龍團勝雪為最精，而建人有直四萬錢之語。夫茶之入貢，圈以箬葉，內以黃斗，盛以花箱，護以重篚，扃以銀鑰。花箱內外，又有黃羅幕之，實謂什襲計珍矣。

在這五批精品貢茶當中，貢新銙最早起運，每年初春北苑開工製茶後十天內就能運抵京師；

而龍團勝雪最為精美，故此建甌茶民說一枚龍團勝雪價值四萬文。運送貢茶的時候，要用箬竹的葉子包裹，用黃色的竹斗盛放，然後把黃斗放進鏤花的小箱，再把小箱放進厚重的大箱，大箱外面再用銀鎖牢牢地鎖住。鏤花小箱的內部還要用黃羅襯底，外面用黃羅遮蓋，可見人們對這些貢茶有多麼珍視。

粗色七綱

普通貢茶共七批。

（四庫全書本補注：按《建安志》云，粗色七綱凡五品，大小龍鳳並揀芽悉入腦和膏為團，共四萬餅，即「雨前茶」。閩中地暖，穀雨前茶已老而味重。）

（四庫全書本補注：據《建安志》記載，普通貢茶共五批，其中大龍團、大鳳團、小龍團、小鳳團、揀芽小龍團，統統摻入龍腦，研磨均勻，入模製成，每年共要製造四萬枚，也就是現在人所說的「雨前茶」。閩中地氣溫暖，穀雨前採摘的茶葉已經老了，開始變得苦澀。）

揀芽以四十餅為角，小龍鳳以二十餅為角，大龍鳳以八餅為角。圈以箬葉，束以紅縷，包以紅紙，緘以白綾。惟揀芽俱以黃焉。

揀芽小龍團每四十枚打成一包，小龍團、小鳳團每二十枚打成一包，大龍團、大鳳團每八枚打成一包。普通龍鳳團打包的時候，裹上箬葉，纏上紅線，包上紅紙，用白綾子繫口，而揀芽小龍團則全用黃線、黃紙和黃綾子包裝。

開畬

草木至夏益盛，故欲導生長之氣，以滲雨露之澤。每歲六月興工，虛其本，培其土，滋蔓之草，遏鬱之木，悉用除之，正所以導生長之氣，而滲雨露之澤也，此謂之「開畬」。（四庫全書本補注：按《建安志》云，開畬，茶園惡草，每遇夏日最烈時，用眾鋤治，殺去草根，以糞茶根，名曰「開畬」。若私家開畬，即夏半初秋，各用工一次，故私園最茂，但地不及焙之勝耳。）唯桐木得留焉。桐木之性與茶相宜，而又茶至冬畏寒，桐木望秋而先落，茶至夏而畏日，桐木至春而漸茂，理亦然也。

到了夏天，各種植物都會長得非常茂盛，只有透過人力來引導它們合理生長，才能讓茶樹汲取自然的恩澤。每年六月，北苑所屬各個茶園都開始鬆土和培土，鋤去滋生的野草，砍掉有害的樹木，這就是引導植物的合理生長，幫助茶樹汲取自然的恩澤，這項工作叫做「開畬」。（四庫

全書本補注：據《建安志》記載，所謂開畬，就是在天氣最熱的時候，雇人去茶園裡鋤草，給茶樹施肥。國家茶園每年開畬一次，而民間茶園一年要開畬兩次，一次在盛夏，一次在初秋，所以民間茶園的茶樹長得更加茂盛，但是由於土質過於肥沃的緣故，茶葉品質就比不上國家茶園。）每年開畬時，雜草雜樹均須剷除，只有桐樹可以保留。為什麼要保留桐樹呢？因為桐樹的習性與茶樹相合，不影響茶樹生長。茶樹到冬天才落葉，而桐樹在秋天就落葉；茶樹到了夏天要防止陽光暴晒，而桐樹在這個時候最為茂盛，剛好能幫茶樹擋住毒辣的日頭，所以茶樹與桐樹真是天生的好朋友啊！

外焙

石門、乳吉、香口，右三焙，常後北苑五七日興工。每日採茶，蒸榨以過黄，悉送北苑並造。

石門、乳吉、香口等三座茶園不屬於北苑，採摘時間比北苑延遲五到七天。不過，每天採摘完畢，都要送到北苑的製茶作坊，蒸青、研膏、過黃、製成貢茶，故此這三座茶園被稱為「外焙」。

後序

舍人熊公博古洽聞，嘗於經史之暇，輯其先君所著《北苑貢茶錄》，鋟諸木以垂。後漕使侍講王公得其書而悅之，將命摹勒以廣其傳。汝礪白之公曰：「是書紀貢事之源委，與製作之更沿，固要且備矣，惟水數有贏縮，火候有淹亟，綱次有後先，品色有多寡，亦不可以或闕。」公曰：「然。」遂摭書肆所刊修貢錄，曰幾水，曰火幾宿，曰某綱，曰某品，若干云者，條列之。又以其所採擇製造諸說，並麗於編末，目曰《北苑別錄》。俾開卷之頃，盡知其詳，亦不為無補。

中書舍人熊克先生博古通今，曾經在做學問之餘，補充整理他父親熊蕃的大作《北苑貢茶錄》，並將其刻印出版，傳之後世。若干年後，福建轉運使兼侍講學士王公19讀到這本書，拍案叫絕，準備再版，以便擴大傳播範圍。我對王公說：「這本書記錄了北苑貢茶的源流以及製作工藝的變革，簡單扼要，內容豐富，但是並沒有記載各款貢茶的過水次數、烘焙次數、運送先後及進貢指標，我覺得這些內容是不應該缺少的。」王公贊同道：「你說得對。」於是我開始去書店裡蒐集各種版本的貢茶要錄，從中輯出各款貢茶的過水次數、烘焙次數、運送先後及進貢指標，分出條理，按順序排列，又補充了相關的採摘、製造、開畬等要點，編成了這本《北苑別錄》。

諸位讀者只要翻讀一遍，就能瞭解北苑貢茶的各方面，我覺得這項工作並不是多餘的。

淳熙丙午孟夏望日，門生從政郎[20]福建路轉運司主管帳司趙汝礪敬書。

淳熙丙午年四月十五，從政郎、福建路轉運司主管帳司、學生趙汝礪敬書。

註釋

1 即北苑。宋朝茶書中凡稱「御園」、「御苑」、「御焙」、「龍焙」者，皆指北苑。
2 凡注明「四庫全書本補注」者，均係清代編纂者根據宋代文獻增添的內容，並非趙汝礪原文，下皆同此。
3 鳳凰山有廣義與狹義之別，廣義鳳凰山是一座山，狹義鳳凰山只是鳳凰山下的一個茶園，但以山為名而已。
4 農曆閏年與西曆閏年不同：西曆通常四年一閏，閏年比常年多一天；農曆通常三年一閏，閏年比常年多一月。
5 凌晨三時至五時。
6 早上七時至九時。
7 古代炊具，狀如圓盆，盆底多孔，架於鍋上，蒸氣透孔而上，可以將食材快速蒸熟。
8 此龍井非杭州龍井，位於福建省建甌市東峰鎮焙前村。
9 「局」在古代無行政機關之意，宋朝許多作坊及服務業均以局為名，如做弓箭的「弓箭局」、做果子的「果子局」，做蜜餞的「蜜餞局」、做香藥的「香藥局」，北宋飯店甚至稱後廚為「局內」，稱廚師為「局長」。
10 即《宣和北苑貢茶錄》裡的「貢新銙」。

11 春社，立春之後第五個戊日，如二〇一六年春社即三月十七日，農曆二月初九。

12 即《宣和北苑貢茶錄》裡的「試新銙」。

13 鄭可簡，《宋史》無傳，《苕溪漁隱叢話》前集卷四十六轉引《高齋詩話》云：「鄭可簡以貢茶進用，累官職至右文殿修撰、福建路轉運使，其侄千里於山谷間得朱草，可簡令其子待問進之，因此得官。好事者作詩云：父貴因茶白，兒榮為草朱。而千里以從父奪朱草以予子，譊譊不已。待問得官而歸，盛集為慶，親姻畢集，眾皆贊喜可簡云：一門僥倖。其侄遽云：千里埋冤。眾皆以為的對。是時貢茶，一方騷動故也。」又據同書後集卷十一載：「至宣政間，鄭可簡以貢茶進用，久領漕計，創添續入，其數浸廣，今猶因之。」可知鄭可簡於宋徽宗宣和年間主政北苑，因增添貢茶指標及創製龍團勝雪，大得徽宗歡心，因而升任福建轉運使。

14 此處「乙夜清供」實際上就是《宣和北苑貢茶錄》中的「一夜清供」。按宋人書寫習慣，「一」常被寫為「乙」，如「小乙」即家族中排行第一之青年男子。直至民國，人們擬定不動產契約時，仍用「乙」來代替「一」，如「柒元乙角」即「七元一角」。

15 前文「細色第三綱」已有龍團勝雪，此處又有，說明龍團勝雪是分批生產、分批進貢。下文中御苑玉芽、萬壽龍芽、瑞雲翔龍等茶亦然。

17 京鋌，五代時上品貢茶，長方形，上寬下窄，如大臣上朝所執玉圭，又如唐宋京畿錢監所鑄金鋌，故得此名。《宣和北苑貢茶錄》：「此年（紹興二十八年）益虔貢職，遂有創增值目，仍改京鋌為大龍團，由是大龍多於大鳳之數。」可知京鋌在南宋時期被改為大龍團，由長方茶磚變為圓形茶磚。

17 先將茶芽蒸熟，過水放涼，然後剔取芽芯，此之謂「水揀」，又名「熟揀」。

18 直接剝去茶芽的外膜與黑蒂，此之謂「生揀」。

19 據梁克家《淳熙三山志》，此處「王公」當為王之望，時任福建轉運使。

20 從政郎，在南宋屬於低級文官官銜，僅用於表明品級，高於登仕郎、通仕郎、迪功郎、修職郎，在南宋文臣三十七個品級中位列第三十三級，相當於八品官。

HISTORY 系列 024

擺一桌絕妙的宋朝茶席

作　者—李開周
主　編—邱憶伶
責任編輯—陳劭頤
責任企畫—葉蘭芳
封面設計—劉克韋
內頁設計—時報出版美術製作中心群
封面插圖—燕王WF

董事長—趙政岷
出版者—時報文化出版企業股份有限公司
一〇八〇一九臺北市和平西路三段二四〇號三樓
發行專線—（〇二）二三〇六六八四二
讀者服務專線—〇八〇〇—二三一—七〇五・（〇二）二三〇四七一〇三
讀者服務傳真—（〇二）二三〇四六八五八
郵撥—一九三四—四七二四時報文化出版公司
信箱—一〇八九九臺北華江橋郵局第九十九信箱
時報悅讀網—http://www.readingtimes.com.tw
讀者服務信箱—newstudy@readingtimes.com.tw
時報出版愛讀者粉絲團—http://www.facebook.com/readingtimes.2
法律顧問—理律法律事務所 陳長文律師、李念祖律師
印　刷—勁達印刷有限公司
初版一刷—二〇一六年八月十九日
初版十五刷—二〇二三年十月二十六日
定　價—新臺幣三〇〇元

時報文化出版公司成立於一九七五年，
並於一九九九年股票上櫃公開發行，於二〇〇八年脫離中時集團非屬旺中，
以「尊重智慧與創意的文化事業」為信念。

擺一桌絕妙的宋朝茶席 / 李開周著. -- 初版.
-- 臺北市 : 時報文化, 2016.08
面；　公分. -- (HISTORY系列 ; 24)
ISBN 978-957-13-6737-8(平裝)

1.飲食風俗　2.茶藝　3.宋代

538.782　　105013381

ISBN 978-957-13-6737-8
Printed in Taiwan